하나님의 비밀을 맡은
그리스도의 일꾼

**하나님의 비밀을 맡은
그리스도의 일꾼**

초판1쇄 2017년 8월 30일

지은이_ 황삼석

펴낸이_ 채주희

펴낸곳_ 엘맨출판사
　　　　서울특별시 마포구 신수동 448-6
　　　　TEL : 02-323-4060, 02-6401-7004
　　　　FAX : 02-323-6416
　　　　E-mail : elman1985@hanmail.net
　　　　www.elman.kr

출판등록 제 10호-1562(1985.10.29.)

값 14,000원

ISBN 978-89-5515-608-9(03230)

하나님의 비밀을 맡은
그리스도의 일꾼

황삼석 지음

좋은 책으로 하나님의 사람을 만들어 가는 **엘 맨**

저는 25세에 신학교에 입학했고 그 다음해에 농촌 교회에서 단독 목회를 시작해 어느덧 41년이 흘렀습니다. 저는 목회하면서 국내에서 가끔 부흥회를 인도했는데 1999년도 부터 외국선교집회를 나가게 되어 18년째 여러 나라에서 부흥회를 인도하고 있습니다.

그런데 저의 목회사역과 부흥사역을 뒤돌아보면 너무나 부족하고 부끄러움이 많습니다. 사도 바울은 그리스도의 비밀을 깨달았다고 고백하면서 자신을 하나님의 비밀을 맡은 그리스도의 일꾼으로 여기라고 권면하였습니다. 그리고 사도 바울은 맡은 자들에게 구할 것은 충성이라고 말씀하였습니다. 그런데 저는 진실로 그리스도의 비밀을 깨닫고 하나님의 비밀을 맡은 그리스도의 일꾼으로 충성하였는가를 생각하면 너무나 부끄러울 따름입니다.

그러나 하나님의 비밀을 맡은 그리스도의 일꾼이 되어 충성하고 싶은 마음은 간절합니다. 이런 간절한 마음을 담아서 「하나님의 비밀을 맡은 그리스도의 일꾼」이라는 제목의 본서를 출간하게 되었습니다. 본서를 읽는 모든 분들이 하나님의 비밀인 그리스도의 비밀, 불법의 비밀, 천국의 비밀을 바르게 알아서 바르게 믿고 행복하게 사역할 수 있기를 간절히 기원합니다.

부족하고 연약한 종을 사용해 주시는 하나님 아버지께 감사드리며 저의 목회에 동역자가 되고 해외선교사역을 18년째 할 수 있도록 적극적으로 협력해 주신 동천교회 모든 성도님들과 아내와 자녀들에게 감사드립니다. 그리고 이번 5번째 책까지 출판을 맡아주신 엘맨출판사 사장님과 직원들에게도 감사드립니다.

2017년 7월
빛고을 두암골에서 황삼석

목 차

1장

그리스도의
일꾼

예수님을 믿는 우리는 시민권이 하늘에 있으며(빌3:20) 하늘에 속한 신분과 직분을 가지고 있습니다. 우리의 신분은 하나님의 자녀 즉 성도요 그리스도의 사람입니다. 그리고 우리의 직분은 그리스도의 일꾼 즉 그리스도의 종이요 증인입니다. 우리는 우리의 신분으로 천국에 들어가고 직분으로 상급을 받습니다. 그래서 신분이 확실한 자가 직분을 맡은 자가 되어야 합니다. 가룟 유다는 직분은 예수님의 제자로 돈궤를 맡은 자였으나 신분은 마귀의 자녀요(요6:70), 멸망의 자식이었습니다(요17:12). 그래서 그는 돈궤를 맡고 거기 넣는 것을 훔치는 도둑이었습니다(요12:6). 그는 예수님을 배반하였고 돈을 받고 그분을 팔았습니다. 예수님은 가룟 유다에 대하여 "그 사람은 차라리 태어나지 아니하였더라면 제게 좋을 뻔하였느니라"고 말씀하셨습니다(마26:24). 우리는 하나님의 자녀 즉 성도, 그리스도의 사람이 된 후에 그리스도의 일꾼이 되어야 합니다.

빌3:20   "그러나 우리의 시민권은 하늘에 있는지라 거기로부터 구원하는 자 곧 주 예수 그리스도를 기다리노니"

요6:70   "예수께서 대답하시되 내가 너희 열둘을 택하지 아니하였느냐 그러나 너희 중의 한 사람은 마귀니라 하시니"

요17:12 "내가 그들과 함께 있을 때에 내게 주신 아버지의 이름으로 그들을 보전하고 지키었나이다 그 중의 하나도 멸망하지 않고 다만 멸망의 자식뿐이오니 이는 성경을 응하게 함이니이다."

요12:6　　　"이렇게 말함은 가난한 자들을 생각함이 아니요 그는 도둑
　　　　　　이라 돈궤를 맡고 거기 넣는 것을 훔쳐감이러라."

1. 우리의 신분

　우리의 신분은 하나님의 자녀 즉 성도요 그리스도의 사람(하나님
의 사람)입니다. 그리고 우리는 이 신분으로 천국에 들어갑니다.

1) 우리의 신분은 하나님의 자녀(아들)입니다.

　하나님의 자녀는 어떤 자일까요? 하나님의 자녀는 예수님을 믿
는 자요(갈3:26), 예수님을 영접한 자요(요1:12), 하나님이 그 아들
의 영(성령)을 그의 마음 가운데 보내사 아빠 아버지라 부르게 하
신 자요(갈4:6), 성령이 친히 그의 영과 더불어 하나님의 자녀인
것을 증언하시는 자요(롬8:16), 성령으로 인도함을 받는 자요(롬
8:14), 그리스도와 함께 영광을 받기 위하여 고난도 함께 받는 자입
니다(롬8:17). 하나님의 자녀는 혈통으로나 육정으로나 사람의 뜻
으로 나지 아니하고 오직 하나님께로부터 난 자들입니다(요1:13).

갈3:26　　　"너희가 다 믿음으로 말미암아 그리스도 예수 안에서 하나
　　　　　　님의 아들이 되었으니"

요1:12　　　"영접하는 자 곧 그 이름을 믿는 자들에게는 하나님의 자
　　　　　　녀가 되는 권세를 주셨으니"

갈4:6　　　"너희가 아들이므로 하나님이 그 아들의 영을 우리 마음
　　　　　　가운데 보내사 아빠 아버지라 부르게 하셨느니라."

롬8:16	"성령이 친히 우리의 영과 더불어 우리가 하나님의 자녀인 것을 증언하시나니"
롬8:14	"무릇 하나님의 영으로 인도함을 받는 사람은 곧 하나님의 아들이라."
롬8:17	"자녀이면 또한 상속자 곧 하나님의 상속자요 그리스도와 함께한 상속자니 우리가 그와 함께 영광을 받기 위하여 고난도 함께 받아야 할 것이니라."
요1:13	"이는 혈통으로나 육정으로나 사람의 뜻으로 나지 아니하고 오직 하나님께로부터 난 자들이니라."

하나님의 자녀를 천국의 아들들(마13:38), 빛의 자녀들(아들)(엡5:8, 요12:36), 낮의 아들(살전5:5), 부활의 자녀(눅20:36), 순종하는 자식(벧전1:14)이라고도 합니다.

마13:38	"밭은 세상이요 좋은 씨는 천국의 아들들이요 가라지는 악한 자의 아들들이요"
엡5:8	"너희가 전에는 어둠이더니 이제는 주 안에서 빛이라 빛의 자녀들처럼 행하라."
요12:36	"너희에게 아직 빛이 있을 동안에 빛을 믿으라 그리하면 빛의 아들이 되리라."
살전5:5	"너희는 다 빛의 아들이요 낮의 아들이라 우리가 밤이나 어둠에 속하지 아니하나니"
눅20:36	"그들은 다시 죽을 수도 없나니 이는 천사와 동등이요 부활의 자녀로서 하나님의 자녀임이라."

벧전1:14　　"너희가 순종하는 자식처럼 전에 알지 못할 때에 따르던
　　　　　　너희 사욕을 본받지 말고"

우리는 예수님을 믿고 그를 영접하였으며, 하나님이 성령을 우리 마음 가운데 보내셔서 하나님을 아버지라 부르며, 성령님이 우리의 영과 더불어 하나님의 자녀인 것을 증언하시며, 성령으로 인도함을 받고, 그리스도와 함께 영광을 받기 위하여 고난도 함께 받는 하나님의 자녀임을 확증해야 합니다. 또한 우리는 천국의 아들, 빛의 자녀, 낮의 아들, 부활의 자녀, 순종하는 자식인지를 확증해야 합니다.

2) 우리의 신분은 성도입니다.

성도는 어떤 자일까요? 성도는 하나님의 사랑하심을 받고 성도로 부르심을 받은 자들이며(롬1:7), 존귀한 자들이며(시16:3), 하나님을 가까이 하는 백성이요(시148:14), 하나님의 수중에 있으며 주의 발 아래에서 주의 말씀을 받는 자들이며(신33:3), 그리스도 예수 안에서 거룩하여진 자요(고전1:2), 그리스도 안에서 신실한 형제들이요(골1:2) 하나님의 계명과 예수님에 대한 믿음을 지키는 자이며(계14:12), 세상을 판단할 자들입니다(고전6:2).

롬1:7　　　"로마에서 하나님의 사랑하심을 받고 성도로 부르심을 받
　　　　　　은 모든 자에게 하나님 우리 아버지와 주 예수 그리스도
　　　　　　로부터 은혜와 평강이 있기를 원하노라."

시16:3	"땅에 있는 성도들은 존귀한 자들이니 나의 모든 즐거움이 그들에게 있도다."
시148:14	"그가 그의 백성의 뿔을 높이셨으니 그는 모든 성도 곧 그를 가까이 하는 백성 이스라엘 자손의 찬양 받을 이시로다 할렐루야"
신33:3	"여호와께서 백성을 사랑하시나니 모든 성도가 그의 수중에 있으며 주의 발 아래에 앉아서 주의 말씀을 받는도다."
고전1:2	"고린도에 있는 하나님의 교회 곧 그리스도 예수 안에서 거룩하여지고 성도라 부르심을 받은 자들과 또 각처에서 우리의 주 곧 그들과 우리의 주 되신 예수 그리스도의 이름을 부르는 모든 자들에게"
골1:2	"골로새에 있는 성도들 곧 그리스도 안에서 신실한 형제들에게 편지하노니 우리 아버지 하나님으로부터 은혜와 평강이 너희에게 있을지어다."
계14:12	"성도들의 인내가 여기 있나니 그들은 하나님의 계명과 예수에 대한 믿음을 지키는 자니라."
고전6:2	"성도가 세상을 판단할 것을 너희가 알지 못하느냐 세상도 너희에게 판단을 받겠거든 지극히 작은 일 판단하기를 감당하지 못하겠느냐."

우리는 하나님의 사랑하심을 받고 성도로 부르심을 받았으며, 하나님을 가까이 하며, 하나님의 수중에 있고 주의 발 아래에서 주의 말씀을 받으며, 그리스도 예수 안에서 거룩하여지고, 그리스도 안에서 신실하며, 하나님의 계명과 예수님에 대한 믿음을 지키며, 세상을 판단할 성도인지를 확증해야 합니다.

3) 우리의 신분은 그리스도의 사람(하나님의 사람)입니다.

그리스도의 사람은 어떤 자일까요? 그리스도의 사람은 그리스도의 영(성령님)이 그 속에 거하시며 육신에 있지 아니하고 영에 있는 자들이요(롬8:9). 육체와 함께 그 정욕과 탐심을 십자가에 못 박은 자들입니다(갈5:24).

하나님의 사람은 어떤 자일까요? 하나님의 사람은 예수 그리스도의 말씀과 경건에 관한 교훈이 아닌 다른 교훈을 피하며 돈을 사랑함을 피한 자요 의와 경건과 믿음과 사랑과 인내와 온유를 따르며 믿음의 선한 싸움을 싸우며 영생을 취하는 자들입니다(딤전6:11-12).

성경에는 모세(신33:1), 스마야(왕상12:22), 엘리야(왕상17:24), 엘리사(왕하5:8), 다윗(느12:36), 하난(렘35:4), 디모데(딤전6:11)를 하나님의 사람이라고 말씀합니다.

롬8:9   "만일 너희 속에 하나님의 영이 거하시면 너희가 육신에 있지 아니하고 영에 있나니 누구든지 그리스도의 영이 없으면 그리스도의 사람이 아니라."

갈5:24   "그리스도 예수의 사람들은 육체와 함께 그 정욕과 탐심을 십자가에 못박았느니라."

딤전6:11-12 "오직 너 하나님의 사람아 이것들을 피하고 의와 경건과 믿음과 사랑과 인내와 온유를 따르며 믿음의 선한 싸움을 싸우라 영생을 취하라 이를 위하여 네가 부르심을 받았고 많은 증인 앞에서 선한 증언을 하였도다."

하나님의 사람을 선한 사람이라고도 합니다(마12:35). 우리는 성경의 말씀으로 교훈을 받고 책망을 받고 바르게 함을 받고 의로 교육을 받아 하나님의 사람으로 온전하게 되어야 합니다(딤후3:16-17).

> 마12:35 "선한 사람은 그 쌓은 선에서 선한 것을 내고 악한 사람은 그 쌓은 악에서 악한 것을 내느니라."
>
> 딤후3:16-17 "모든 성경은 하나님의 감동으로 된 것으로 교훈과 책망과 바르게 함과 의로 교육하기에 유익하니 이는 하나님의 사람으로 온전하게 하며 모든 선한 일을 행할 능력을 갖추게 하려 함이라."

우리는 그리스도의 영이신 성령님이 우리 속에 거하시며 육신에 있지 아니하고 영에 있으며, 육체와 함께 정욕과 탐심을 십자가에 못 박고, 그리스도의 교훈이 아닌 다른 교훈을 피하며, 돈을 사랑함을 피하며, 의와 경건과 믿음과 사랑과 인내와 온유를 따르며, 믿음의 선한 싸움을 싸우며, 영생을 취하는 그리스도의 사람(하나님의 사람)인지를 확증해야 합니다.

4) 마귀의 자녀들도 있습니다.

이 세상에는 하나님의 자녀들과 마귀의 자녀들이 드러납니다(나타납니다)(요일3:10). 예수님이 말씀하신 가라지 비유(마13:24-30)에서 밭은 세상이요 좋은 씨를 뿌리는 자는 인자(예수님)요(마

13:37) 좋은 씨는 천국의 아들들이요 가라지는 악한 자의 아들들이요(마13:38) 가라지를 뿌린 원수는 마귀라고 했습니다(마13:39). 죄를 짓는 자는 마귀에게 속합니다(요일3:8). 마귀에게서 난 자들은 그들의 아비인 마귀의 욕심대로 행하고자 합니다(요8:44).

요일3:10 "이러므로 하나님의 자녀들과 마귀의 자녀들이 드러나나니 무릇 의를 행하지 아니하는 자나 또는 그 형제를 사랑하지 아니하는 자는 하나님께 속하지 아니하니라."

마13:37 "대답하여 이르시되 좋은 씨를 뿌리는 이는 인자요"

마13:38 "밭은 세상이요 좋은 씨는 천국의 아들들이요 가라지는 악한 자의 아들들이요"

마13:39 "가라지를 뿌린 원수는 마귀요 추수 때는 세상 끝이요 추수꾼은 천사들이니"

요일3:8 "죄를 짓는 자는 마귀에게 속하나니 마귀는 처음부터 범죄함이라 하나님의 아들이 나타나신 것은 마귀의 일을 멸하려 하심이라."

요8:44 "너희는 너희 아비 마귀에게서 났으니 너희 아비의 욕심대로 너희도 행하고자 하느니라 그는 처음부터 살인한 자요 진리가 그 속에 없으므로 진리에 서지 못하고 거짓을 말할 때마다 제 것으로 말하나니 이는 그가 거짓말쟁이요 거짓의 아비가 되었음이라."

마귀의 자녀들을 악한 자의 아들들(마13:38), 불순종의 아들들(엡2:2), 멸망의 아들(살후2:3), 불법의 사람(살후2:3), 진노의 자녀(엡2:3), 독사의 자식(마3:7), 저주의 자식(벧후2:14), 지옥 자식(마

23:15), 악한 사람(마12:35)이라고도 합니다.

마13:38 "밭은 세상이요 좋은 씨는 천국의 아들들이요 가라지는 악한 자의 아들들이요"

엡2:2 "그 때에 너희는 그 가운데서 행하여 이 세상 풍속을 따르고 공중의 권세 잡은 자를 따랐으니 곧 지금 불순종의 아들들 가운데서 역사하는 영이라."

살후2:3 "누가 어떻게 하여도 너희가 미혹되지 말라 먼저 배교하는 일이 있고 저 불법의 사람 곧 멸망의 아들이 나타나기 전에는 그 날이 이르지 아니하리니"

엡2:3 "전에는 우리도 다 그 가운데서 우리 육체의 욕심을 따라 지내며 마음의 원하는 것을 하여 다른 이들과 같이 본질상 진노의 자녀이었더니"

마3:7 "요한이 많은 바리새인들과 사두개인들이 세례 베푸는 데로 오는 것을 보고 이르되 독사의 자식들아 누가 너희를 가르쳐 임박한 진노를 피하라 하더냐"

벧후2:14 "음심이 가득한 눈을 가지고 범죄하기를 그치지 아니하고 굳세지 못한 영혼들을 유혹하며 탐욕에 연단된 마음을 가진 자들이니 저주의 자식이라."

마23:15 "화 있을진저 외식하는 서기관과 바리새인들이여 너희는 교인한 사람을 얻기 위하여 바다와 육지를 두루 다니다가 생기면 너희보다 배나 지옥 자식이 되게 하는도다."

마12:35 "선한 사람은 그 쌓은 선에서 선한 것을 내고 악한 사람은 그 쌓은 악에서 악한 것을 내느니라."

가인은 마귀에게 속하였으며(요일3:12), 가룟 유다는 마귀였으며(요6:70), 아나니아는 그 마음에 사탄이 가득했으며(행5:3), 박수 엘루마는 마귀의 자식이었으며(행13:9-10), 자칭 유대인이라 하며 서머나교회를 비방한 자들은 사탄의 회당이었습니다(계2:9). 그런데 가룟 유다는 예수님의 열두 제자 중에 있었으며 아나니아는 믿는 자 중에 있었습니다. 믿는 자 중에도 마귀의 자녀가 있을 수 있습니다.

요일3:12 "가인같이 하지 말라 그는 악한 자에게 속하여 그 아우를 죽였으니 어떤 이유로 죽였느냐 자기의 행위는 악하고 그의 아우의 행위는 의로움이라."

요6:70 "예수께서 대답하시되 내가 너희 열둘을 택하지 아니하였느냐 그러나 너희 중의 한 사람은 마귀니라 하시니"

행5:3 "베드로가 이르되 아나니아야 어찌하여 사탄이 네 마음에 가득하여 네가 성령을 속이고 땅 값 얼마를 감추었느냐"

행13:9-10 "바울이라고 하는 사울이 성령이 충만하여 그를 주목하고 이르되 모든 거짓과 악행이 가득한 자요 마귀의 자식이요 모든 의의 원수여 주의 바른 길을 굽게 하기를 그치지 아니하겠느냐"

계2:9 "내가 네 환난과 궁핍을 알거니와 실상은 네가 부요한 자니라 자칭 유대인이라 하는 자들의 비방도 알거니와 실상은 유대인이 아니요 사탄의 회당이라."

2. 우리의 직분

우리의 직분은 그리스도의 일꾼 즉 그리스도의 종이요 증인입니다. 그리고 우리는 이 직분으로 일한 대로 상급을 받습니다.

1) 우리의 직분은 그리스도의 일꾼입니다.

그리스도의 일꾼은 어떤 자일까요? 그리스도의 일꾼은 성령님이 주시는 은사를 받고, 예수님이 주시는 직분을 받아, 하나님이 이루시는 사역을 하는 자들입니다(고전12:4-6). 그리스도의 일꾼은 하나님의 일꾼이요(고후6:4), 복음(말씀)의 일꾼이요(골1:23), 교회의 일꾼입니다(골1:25).

> 고전12:4-6 "은사는 여러 가지나 성령은 같고 직분은 여러 가지나 주는 같으며 또 사역은 여러 가지나 모든 것을 모든 사람 가운데서 이루시는 하나님은 같으니"
>
> 고후6:4 "오직 모든 일에 하나님의 일꾼으로 자천하여 많이 견디는 것과 환난과 궁핍과 고난과"
>
> 골1:23 "만일 너희가 믿음에 거하고 터 위에 굳게 서서 너희 들은 바 복음의 소망에서 흔들리지 아니하면 그리하리라 이 복음은 천하 만민에게 전파된 바요 나 바울은 이 복음의 일꾼이 되었노라"
>
> 골1:25 "내가 교회의 일꾼 된 것은 하나님이 너희를 위하여 내게 주신 직분을 따라 하나님의 말씀을 이루려 함이니라"

우리가 일꾼이 된 것은 하나님의 능력이 역사하시는 대로 우리에게 주신 하나님의 은혜의 선물을 따라 된 것입니다(엡3:7). 그리고 우리가 그리스도 예수의 일꾼이 된 것은 하나님이 그의 복음의 제사장 직분을 행하게 하신 것입니다(롬15:16). 또한 우리가 교회의 일꾼 된 것은 하나님이 성도들을 위하여 우리에게 주신 직분을 따라 하나님의 말씀을 이루려 함입니다(골1:25).

엡3:7	"이 복음을 위하여 그의 능력이 역사하시는 대로 내게 주신 하나님의 은혜의 선물을 따라 내가 일꾼이 되었노라."
롬15:16	"이 은혜는 곧 나로 이방인을 위하여 그리스도 예수의 일꾼이 되어 하나님의 복음의 제사장 직분을 하게 하사 이방인을 제물로 드리는 것이 성령 안에서 거룩하게 되어 받으실 만하게 하려 하심이라."
골1:25	"내가 교회의 일꾼 된 것은 하나님이 너희를 위하여 내게 주신 직분을 따라 하나님의 말씀을 이루려 함이니라."

우리는 성령님이 주시는 은사를 받고, 예수님이 주신 직분을 받아 하나님이 이루시는 사역을 하며, 하나님이 주신 은혜의 선물을 따라 일꾼이 되었으며, 하나님의 복음의 제사장 직분을 행하며, 성도들을 위하여 하나님이 주신 직분을 따라 하나님의 말씀을 이루는 그리스도의 일꾼인지를 확증해야 합니다.

2) 우리의 직분은 그리스도의 종입니다.

그리스도의 종은 어떤 자일까요? 그리스도의 종은 하나님의 인침을 받은 자들이며(계7:3), 그리스도를 위해 순교한 자들이며(계 6:11), 예수님의 말씀을 지키는 자들이며(계22:9), 하나님을 경외하는 자들이며(계19:5), 하나님을 섬기는 자들입니다(계22:3). 그리고 주의 종은 다투지 아니하며 모든 사람을 대하여 온유하며 가르치기를 잘하며 참으며 거역하는 자를 온유함으로 훈계해야 합니다(딤후2:24-25). 그리고 예수님은 반드시 속히 일어날 일들을 그 종들에게 보이십니다(계1:1).

계7:3 　　　"이르되 우리가 우리 하나님의 종들의 이마에 인치기까지 땅이나 바다나 나무들을 해하지 말라 하더라."

계6:11 　　"각각 그들에게 흰 두루마기를 주시며 이르시되 아직 잠시 동안 쉬되 그들의 동무 종들과 형제들도 자기처럼 죽임을 당하여 그 수가 차기까지 하라 하시더라."

계22:9 　　"그가 내게 말하기를 나는 너와 네 형제 선지자들과 또 이 두루마리의 말을 지키는 자들과 함께 된 종이니 그리하지 말고 하나님께 경배하라 하더라."

계19:5 　　"보좌에서 음성이 나서 이르시되 하나님의 종들 곧 그를 경외하는 너희들아 작은 자나 큰 자나 다 우리 하나님께 찬송하라 하더라."

계22:3 　　"다시 저주가 없으며 하나님과 그 어린 양의 보좌가 그 가운데에 있으리니 그의 종들이 그를 섬기며"

딤후2:24-25 "주의 종은 마땅히 다투지 아니하며 모든 사람에 대하여 온유하며 가르치기를 잘하며 참으며 거역하는 자를 온유함으로 훈계할지니 혹 하나님이 그들에게 회개함을 주사 진리를 알게 하실까 하며"

계1:1 　　　"예수 그리스도의 계시라 이는 하나님이 그에게 주사 반드
　　　　　　시 속히 일어날 일들을 그 종들에게 보이시려고 그의 천
　　　　　　사를 그 종 요한에게 보내어 알게 하신 것이라."

우리는 하나님의 인침을 받고, 그리스도를 위해 순교하며, 예수님
의 말씀을 지키며, 하나님을 경외하며, 하나님을 섬기는 그리스도
의 종인지를 확증해야 합니다.

3) 우리의 직분은 그리스도의 증인입니다.

그리스도의 증인은 어떤 자일까요? 그리스도의 증인은 하나님이
미리 택하신 증인으로 부활하신 예수님을 나타내신 자들이요(행
10:40-41), 성령님이 임하심으로 권능을 받은 자들이요(행1:8), 보
고 들은 것에 증인이요(행22:15), 예수님이 그에게 나타날 일에 증
인이요(행26:16), 그리스도의 고난의 증인입니다(벧전5:1).

행10:40-41 "하나님이 사흘 만에 다시 살리사 나타내시되 모든 백성에
　　　　　　게 하신 것이 아니요 오직 미리 택하신 증인 곧 죽은 자
　　　　　　가운데서 부활하신 후 그를 모시고 음식을 먹은 우리에게
　　　　　　하신 것이라."

행1:8 　　　"오직 성령이 너희에게 임하시면 너희가 권능을 받고 예루
　　　　　　살렘과 온 유대와 사마리아와 땅 끝까지 이르러 내 증인
　　　　　　이 되리라 하시니라."

행22:15 　　"네가 그를 위하여 모든 사람 앞에서 네가 보고 들은 것에
　　　　　　증인이 되리라."

행26:16 　"일어나 너의 발로 서라 내가 네게 나타난 것은 곧 네가 나를 본 일과 장차 내가 네게 나타날 일에 너로 종과 증인을 삼으려 함이니"

벧전5:1 　"너희 중 장로들에게 권하노니 나는 함께 장로 된 자요 그리스도의 고난의 증인이요 나타날 영광에 참여할 자로다."

신실한 증인은 거짓말을 하지 아니합니다(잠14:5). 그리고 진실한 증인은 사람의 생명을 구합니다(잠14:25). 그러나 거짓 증인은 거짓말을 뱉어 사람을 속이고 패망합니다(잠21:28).

잠14:5 　"신실한 증인은 거짓말을 아니하여도 거짓 증인은 거짓말을 뱉느니라."

잠14:25 　"진실한 증인은 사람의 생명을 구원하여도 거짓말을 뱉는 사람은 속이느니라."

잠21:28 　"거짓 증인은 패망하려니와 확실히 들은 사람의 말은 힘이 있느니라."

우리는 하나님이 미리 택하셔서 예수님을 나타내시며, 성령님이 임하심으로 권능을 받았으며, 보고 들은 것과 예수님이 우리에게 나타날 일과 그리스도의 고난의 증인인지를 확증해야 합니다. 또한 우리는 거짓말을 하지 아니하는 신실한 증인이며, 사람의 생명을 구하는 진실한 증인인지를 확증해야 합니다.

4) 사탄의 일꾼들도 있습니다.

사탄의 일꾼들은 거짓 사도요 속이는 일꾼이며 자기를 그리스도의 사도로 가장하는 자들입니다. 이것은 이상한 일이 아닙니다. 왜냐하면 사탄도 자기를 광명의 천사로 가장하기 때문입니다. 그러므로 사탄의 일꾼들이 자기를 의의 일꾼으로 가장하는 것이 대단한 일이 아닙니다. 그리고 그들의 마지막은 그들의 행위대로 될 것입니다(고후11:13-15). 사탄의 일꾼들은 미혹하는 자들입니다. 그리고 미혹하는 자가 세상에 많이 나왔습니다(요이1:7). 거짓 그리스도들과 거짓 선지자들이 일어나서 할 수만 있으면 택하신 자들을 미혹하려고 합니다(막13:22).

고후11:13-15 "그런 사람들은 거짓 사도요 속이는 일꾼이니 자기를 그리스도의 사도로 가장하는 자들이라 이것은 이상한 일이 아니니라 사탄도 자기를 광명의 천사로 가장하나니 그러므로 사탄의 일꾼들도 자기를 의의 일꾼으로 가장하는 것이 또한 대단한 일이 아니라 그들의 마지막은 그 행위대로 되리라."

요이1:7 "미혹하는 자가 세상에 많이 나왔나니 이는 예수 그리스도께서 육체로 오심을 부인하는 자라 이런 자가 미혹하는 자요 적그리스도니"

막13:22 "거짓 그리스도들과 거짓 선지자들이 일어나서 이적과 기사를 행하여 할 수만 있으면 택하신 자들을 미혹하려 하리라."

3. 우리는 그리스도의 일꾼으로 여김 받아야 합니다.

우리는 하나님의 비밀을 맡은 그리스도의 일꾼으로 여김 받아야 합니다. 사도 바울은 그리스도의 일꾼이요 하나님의 비밀을 맡은 자로 여김 받기를 원했습니다(고전4:1). 또한 바울은 자신이 그리스도의 일꾼임을 강조했습니다(고후11:23). 그리스도의 일꾼은 하나님의 비밀을 맡은 자입니다. 그리고 그리스도의 일꾼은 충성해야 합니다(고전4:2).

> 고전4:1　　"사람이 마땅히 우리를 그리스도의 일꾼이요 하나님의 비밀을 맡은 자로 여길지어다."
>
> 고후11:23　"그들이 그리스도의 일꾼이냐 정신없는 말을 하거니와 나는 더욱 그러하도다 내가 수고를 넘치도록 하고 옥에 갇히기도 더 많이 하고 매도 수없이 맞고 여러 번 죽을 뻔하였으니"
>
> 고전4:2　　"그리고 맡은 자들에게 구할 것은 충성이니라."

우리는 그리스도 예수의 좋은 일꾼이 되어야 합니다(딤전4:6). 그리스도의 좋은 일꾼은 말씀과 기도로 형제를 깨우칩니다. 그리고 우리는 진리의 말씀을 옳게 분별하며 부끄러울 것이 없는 일꾼으로 인정된 자로 자신을 하나님 앞에 드리기를 힘써야 합니다(딤후2:15). 또한 우리는 진실한 일꾼, 신실한 일꾼이 되어야 합니다. 두기고는 주 안에서 진실한 일꾼이었습니다(엡6:21). 그리고 에바브라는 그리스도의 신실한 일꾼이었습니다(골1:7).

딤전4:6	"네가 이것으로 형제를 깨우치면 그리스도 예수의 좋은 일꾼이 되어 믿음의 말씀과 네가 따르는 좋은 교훈으로 양육을 받으리라."
딤후2:15	"너는 진리의 말씀을 옳게 분별하며 부끄러울 것이 없는 일꾼으로 인정된 자로 자신을 하나님 앞에 드리기를 힘쓰라."
엡6:21	"나의 사정 곧 내가 무엇을 하는지 너희에게도 알리려 하노니 사랑을 받는 형제요 주 안에서 진실한 일꾼인 두기고가 모든 일을 너희에게 알리리라."
골1:7	"이와 같이 우리와 함께 종 된 사랑하는 에바브라에게 너희가 배웠나니 그는 너희를 위한 그리스도의 신실한 일꾼이요"

4. 그리스도의 일꾼은 살아 계신 하나님과 예수 그리스도를 알아야 합니다.

영생은 유일하신 참 하나님과 그가 보내신 자 예수 그리스도를 아는 것입니다(요17:3). 그리고 우리가 하나님과 주 예수를 앎으로 우리에게 은혜와 평강이 더욱 많아집니다(벧후1:2). 또한 우리가 영광과 덕으로써 우리를 부르신 하나님을 앎으로 하나님이 그의 신기한 능력으로 생명과 경건에 속한 모든 것을 우리에게 주셨습니다(벧후1:3).

요17:3   "영생은 곧 유일하신 참 하나님과 그가 보내신 자 예수 그리스도를 아는 것이니이다."

벧후1:2   "하나님과 우리 주 예수를 앎으로 은혜와 평강이 너희에게 더욱 많을지어다."

벧후1:3   "그의 신기한 능력으로 생명과 경건에 속한 모든 것을 우리에게 주셨으니 이는 자기의 영광과 덕으로써 우리를 부르신 이를 앎으로 말미암음이라."

우리가 하나님과 예수 그리스도를 알지 못하고 전하면 거짓말쟁이가 됩니다. 예수님은 "나는 아노니 만일 내가 알지 못한다 하면 나도 너희 같이 거짓말쟁이가 되리라. 나는 그를 알고 또 그의 말씀을 지키노라"(요8:55)고 말씀하셨습니다. 예수님은 아버지 하나님을 알고 그의 말씀을 지키셨습니다. 욥은 깨닫지도 못한 일을 말하고 스스로 알 수도 없고 헤아리기 어려운 일을 말한 것을 하나님께 회개하였습니다. 그리고 욥은 하나님이 알게 해 주시기를 구하였습니다. 그래서 욥은 주께 대하여 귀로 듣기만 했는데 눈으로 주를 뵈옵는 자가 되었습니다(욥42:3-6).

욥42:3-6   "무지한 말로 이치를 가리는 자가 누구이니까 나는 깨닫지도 못한 일을 말하였고 스스로 알 수도 없고 헤아리기도 어려운 일을 말하였나이다 내가 말하겠사오니 주는 들으시고 내가 주께 묻겠사오니 주여 내게 알게 하옵소서 내가 주께 대하여 귀로 듣기만 하였사오나 이제는 눈으로 주를 뵈옵나이다 그러므로 내가 스스로 거두어들이고 티끌과 재 가운데서 회개하나이다."

그리스도의 일꾼은 살아계신 하나님과 예수님을 알고 전해야 합니다. 누구든지 살아계신 하나님과 예수님을 알지 못하고 전하면 거짓말쟁이입니다.

하나님은 살아 계십니다. 아브라함이 믿은 바 하나님은 죽은 자를 살리시며 없는 것을 있는 것으로 부르시는 하나님이십니다(롬4:17). 다윗이 믿은 하나님은 만물의 머리이시며 천지에 있는 것이 다 하나님께 속하였으며, 위대하심과 권능과 영광과 승리와 위엄이 다 하나님께 속하였고, 만물의 주재가 되시며 부와 귀가 하나님께로 말미암고 모든 사람을 크게 하심과 강하게 하심이 하나님의 손에 있습니다(대상29:11-12). 사도 요한이 믿고 고백한 하나님은 빛이시요(요일1:5), 사랑이십니다(요일4:16). 사도 바울이 믿고 고백한 하나님은 복되시고, 유일하신 주권자이시며, 만왕의 왕이시며 만주의 주시요, 오직 그에게만 죽지 아니함이 있고, 가까이 가지 못할 빛에 거하시고, 어떤 사람도 보지 못하였고 또 볼 수 없는 분이십니다(딤전6:15-16).

롬4:17 "기록된 바 내가 너를 많은 민족의 조상으로 세웠다 하심과 같으니 그가 믿은 바 하나님은 죽은 자를 살리시며 없는 것을 있는 것으로 부르시는 이시니라."

대상29:11-12 "여호와여 위대하심과 권능과 영광과 승리와 위엄이 다 주께 속하였사오니 천지에 있는 것이 다 주의 것이로소이다 여호와여 주권도 주께 속하였사오니 주는 높으사 만물

의 머리이심이니이다 부와 귀가 주께로 말미암고 또 주는
만물의 주재가 되사 손에 권세와 능력이 있사오니 모든
사람을 크게 하심과 강하게 하심이 주의 손에 있나이다.”

요일1:5　　“우리가 그에게서 듣고 너희에게 전하는 소식이 이것이니
곧 하나님은 빛이시라 그에게는 어둠이 조금도 없으시다
는 것이니라.”

요일4:16　“하나님이 우리를 사랑하시는 사랑을 우리가 알고 믿었노
니 하나님은 사랑이시라 사랑 안에 거하는 자는 하나님
안에 거하고 하나님도 그의 안에 거하시느니라.”

딤전6:15-16 “기약이 이르면 하나님이 그의 나타나심을 보이시리니 하
나님은 복되시고 유일하신 주권자이시며 만왕의 왕이시
며 만주의 주시오 오직 그에게만 죽지 아니함이 있고 가
까이 가지 못할 빛에 거하시고 어떤 사람도 보지 못하였
고 또 볼 수 없는 이시니 그에게 존귀와 영원한 권능을 돌
릴지어다 아멘.”

　　예수님은 살아 계십니다. 예수님은 세세토록 살아 있어 사망과
음부의 열쇠를 가지셨습니다(계1:18). 그리고 예수님은 영원히 계
시며 항상 살아 계셔서 자기를 힘입어 하나님께 나아가는 자들을
위하여 간구하시며 온전히 구원하실 수 있으십니다(히7:24-25). 예
수님은 살아 계시므로 세상 사람들은 예수님을 보지 못하지만 살아
있는 우리는 예수님을 봅니다(요14:19).

계1:18　　　“곧 살아 있는 자라 내가 전에 죽었었노라 볼지어다 이제
세세토록 살아 있어 사망과 음부의 열쇠를 가졌노니.”

히7:24-25   "예수는 영원히 계시므로 그 제사장 직분도 갈리지 아니하
             느니라 그러므로 자기를 힘입어 하나님께 나아가는 자들
             을 온전히 구원하실 수 있으니 이는 그가 항상 살아 계셔
             서 그들을 위하여 간구하심이라."

요14:19   "조금 있으면 세상은 다시 나를 보지 못할 것이로되 너희
             는 나를 보리니 이는 내가 살아 있고 너희도 살아 있겠음
             이라."

　우리가 믿고 고백하는 하나님은 어떤 하나님이십니까? 우리가
믿고 고백하는 하나님은 살아 계십니다. 우리는 살아 계신 하나님
의 성전임을 알아야 합니다(고후6:16). 우리는 하나님이 우리 가운
데 거하시며 두루 행하심을 알아야 합니다. 그리고 우리는 믿지 아
니하는 악한 마음을 품고 살아 계신 하나님에게서 떨어질까 조심해
야 합니다(히3:12). 우리는 원수를 갚으시고 그의 백성을 심판하시
는 살아 계신 하나님의 손에 빠져 들어가는 것이 무서움을 알아야
합니다(히10:30-31).

고후6:16   "하나님의 성전과 우상이 어찌 일치가 되리요 우리는 살아
             계신 하나님의 성전이라 이와 같이 하나님께서 이르시되
             내가 그들 가운데 거하며 두루 행하여 나는 그들의 하나
             님이 되고 그들은 나의 백성이 되리라."

히3:12   "형제들아 너희는 삼가 혹 너희 중에 누가 믿지 아니하는
             악한 마음을 품고 살아 계신 하나님에게서 떨어질까 조심
             할 것이요"

히10:30-31 "원수 갚는 것이 내게 있으니 내가 갚으리라 하시고 또 다

시 주께서 그의 백성을 심판하리라 말씀하신 것을 우리가 아노니 살아 계신 하나님의 손에 빠져 들어가는 것이 무서울진저"

우리는 살아 계신 하나님을 알아야 합니다. 하나님은 살아 계시지만 하나님은 영이시기에 육의 눈으로는 볼 수 없습니다. 또한 사람의 지혜나 지식으로는 하나님을 알 수 없습니다. 그러므로 하나님은 사람들에게 비밀이요 하나님이 하신 일도 비밀입니다. 하나님께서 알려주셔야 사람들은 하나님을 알 수 있고 하나님이 하신 일을 알 수 있습니다. 그런데 하나님은 그의 비밀을 그 성도들에게 알려 주셨습니다. 사도 시대의 성도들은 거룩하신 하나님에게서 기름 부음을 받고 모든 것을 알았습니다(요일2:20).

요일2:20　　"너희는 거룩하신 자에게서 기름 부음을 받고 모든 것을 아느니라."

5. 하나님은 크고 비밀한 일을 보이십니다.

하나님은 부르짖는 자에게 응답하시고 크고 비밀한 일을 그에게 보이십니다(렘33:3). 하나님은 그 비밀을 그 종 선지자들에게 보이셨습니다. 하나님은 비밀을 그 종 선지자들에게 보이지 아니하시고는 행하심이 없으셨습니다(암3:7).

렘33:3	"너는 내게 부르짖으라 내가 네게 응답하겠고 네가 알지 못하는 크고 은밀한 일을 네게 보이리라."
암3:7	"주 여호와께서는 자기의 비밀을 그 종 선지자들에게 보이지 아니하시고는 결코 행하심이 없으시니라."

하나님은 그 비밀을 선지자들과 사도들에게 성령으로 알게 하셨습니다. 하나님은 그의 거룩한 사도들과 선지자들에게 성령으로 나타내셨습니다(엡3:5). 하나님은 모든 것을 성령으로 보이십니다(고전2:10). 하나님은 사도 바울에게 모든 지혜와 총명을 넘치게 하셔서 계시로 비밀을 알게 하셨습니다(엡1:8-9, 3:3-4). 그래서 바울은 그리스도의 일꾼이요 하나님의 비밀을 맡은 자가 되었으며 충성하였습니다(고전4:1-2). 그리스도의 일꾼은 하나님의 비밀을 맡은 자입니다. 하나님은 선지자들에게 그리스도의 비밀을 알게 하셨고 전하게 하셨습니다. 그리고 하나님은 사도들에게 선지자들이 전한 그리스도의 비밀을 깨닫고 전하게 하셨습니다. 또한 하나님은 우리에게 사도들이 전한 그리스도의 비밀을 깨닫고 전하게 하십니다. 그러므로 우리는 선지자들이 전한 그리스도의 비밀을 깨닫고 사도들이 전한 그리스도의 비밀을 전해야 합니다.

엡3:5	"이제 그의 거룩한 사도들과 선지들에게 성령으로 나타내신 것같이 다른 세대에서는 사람의 아들들에게 알리지 아니하셨으니"
고전2:10	"오직 하나님이 성령으로 이것을 우리에게 보이셨으니 성

령은 모든 것 곧 하나님의 깊은 것까지도 통달하시느니라."

엡1:8-9   "이는 그가 모든 지혜와 총명을 우리에게 넘치게 하사 그
뜻의 비밀을 우리에게 알리신 것이요 그의 기뻐하심을 따
라 그리스도 안에서 때가 찬 경륜을 위하여 예정하신 것
이니"

엡3:3-4   "곧 계시로 내게 비밀을 알게 하신 것은 내가 먼저 간단히
기록함과 같으니 그것을 읽으면 내가 그리스도의 비밀을
깨달은 것을 너희가 알 수 있으리라."

고전4:1-2   "사람이 마땅히 우리를 그리스도의 일꾼이요 하나님의 비
밀을 맡은 자로 여길지어다 그리고 맡은 자들에게 구할
것은 충성이니라."

6. 그리스도의 일꾼은 하나님의 비밀을 알아야 합니다.

그리스도의 일꾼인 우리는 하나님의 비밀을 알아야 합니다. 하나님의 비밀을 아는 자와 알지 못하는 자는 다릅니다. 하나님의 비밀을 아는 자는 하나님의 충성되고 참된 일꾼이 됩니다. 충성되고 참된 그리스도의 일꾼은 하나님의 비밀을 압니다.

우리는 하나님의 비밀을 알되 하나님이 선지자들과 사도들에게 알게 하신 하나님의 비밀 즉 성경에서 말씀하신 하나님의 비밀을 알아야 합니다. 하나님이 성경에 그의 비밀을 말씀하셨음으로 우리는 하나님의 비밀을 알 수 있습니다. 사도들이 전파하지 아니한 예수는 다른 예수이며, 사도들이 전하지 아니한 복음은 다른 복음입

니다(고후11:4). 그리고 누구든지 사도들이 전한 복음 외에 다른 복음을 전하면 저주를 받습니다(갈1:8). 그러므로 우리는 사도들이 전파한 예수님을 알고 믿고 전해야 하며, 사도들이 전한 복음을 알고 믿고 전해야 합니다.

고후11:4 "만일 누가 가서 우리가 전파하지 아니한 다른 예수를 전파하거나 혹은 너희가 받지 아니한 다른 영을 받게 하거나 혹은 너희가 받지 아니한 다른 복음을 받게 할 때에는 너희가 잘 용납하는구나."

갈1:8 "그러나 우리나 혹은 하늘로부터 온 천사라도 우리가 너희에게 전한 복음 외에 다른 복음을 전하면 저주를 받을지어다."

그러면 우리가 알아야 하는 하나님의 비밀, 즉 성경에서 말씀하신 하나님의 비밀은 무엇일까요? 성경에서 말씀하신 비밀은 그리스도의 비밀(엡3:4), 불법의 비밀(살후2:7), 천국의 비밀(마13:11)이 있습니다.

엡3:4 "그것을 읽으면 내가 그리스도의 비밀을 깨달은 것을 너희가 알 수 있으리라."

살후2:7 "불법의 비밀이 이미 활동하였으나 지금은 그것을 막는 자가 있어 그 중에서 옮길 때까지 하리라."

마13:11 "대답하여 이르시되 천국의 비밀을 아는 것이 너희에게는 허락되었으나 그들에게는 아니 되었나니"

그리스도의 비밀은 하나님께서 예수 그리스도로 말미암아 죄인들을 구원하시는 일입니다. 불법의 비밀은 사탄이 죄인들의 구원받는 일을 방해하는 일입니다. 천국의 비밀은 죄인들이 예수 그리스도로 말미암아 구원을 받아 천국에 들어가는 일입니다. 우리가 그리스도의 비밀, 불법의 비밀, 천국의 비밀을 알아야 바르게 믿을 수 있고, 바르게 사역할 수 있습니다. 그리스도의 일꾼인 우리는 그리스도의 비밀, 불법의 비밀, 천국의 비밀을 알고 바르게 믿고, 바르게 사역해야 합니다.

2장

그리스도의
비밀

하나님의 비밀은 그리스도이십니다. 우리는 그리스도의 비밀을 깨닫고 전해야(나타내야) 합니다. 사도 바울은 그리스도의 비밀을 깨달았습니다(엡3:4). 그리고 사도 바울은 골로새 교회 성도들로 하나님의 비밀인 그리스도를 깨닫게 하려고 힘썼습니다(골2:2). 하나님은 사도 바울에게 모든 지혜와 총명을 넘치게 하사 그 뜻의 비밀을 알게 하셨습니다(엡1:8-9). 그래서 사도 바울은 그리스도의 비밀을 깨달았습니다. 그리고 사도 바울은 깨달은 그리스도의 비밀을 전하였습니다(골4:3-4). 그리스도의 비밀을 깨달은 자는 전하게 됩니다. 우리도 사도 바울이 하나님의 계시로 깨닫고 전한 그리스도의 비밀을 깨닫고 전해야 합니다.

엡3:4 "그것을 읽으면 내가 그리스도의 비밀을 깨달은 것을 너희가 알 수 있으리라."

골2:2 "이는 그들로 마음에 위안을 받고 사랑 안에서 연합하여 확실한 이해의 모든 풍성함과 하나님의 비밀인 그리스도를 깨닫게 하려 함이니"

엡1:8-9 "이는 그가 모든 지혜와 총명을 우리에게 넘치게 하사 그 뜻의 비밀을 우리에게 알리신 것이요 그의 기뻐하심을 따라 그리스도 안에서 때가 찬 경륜을 위하여 예정하신 것이니"

골4:3-4 "또한 우리를 위하여 기도하되 하나님이 전도할 문을 우리에게 열어 주사 그리스도의 비밀을 말하게 하시기를 구하라 내가 이 일 때문에 매임을 당하였노라 그리하면 내가 마땅히 할 말로써 이 비밀을 나타내리라."

그리스도의 비밀은 감추어졌던 것인데 이제는 하나님의 성도들에게 나타났습니다. 바울이 깨달은 그리스도의 비밀은 만세와 만대로부터 감추어졌던 것인데 이제는 하나님의 성도들에게 나타났습니다(골1:26-27). 하나님이 그의 성도들에게 그리스도의 비밀을 나타내신 것은 이 비밀의 영광이 이방인 가운데 얼마나 풍성한지를 알게 하려 하심입니다. 하나님의 비밀인 그리스도는 우리(내) 안에 계시며 영광의 소망이십니다.

> 골1:26-27 "이 비밀은 만세와 만대로부터 감추어졌던 것인데 이제는 그의 성도들에게 나타났고 하나님이 그들로 하여금 이 비밀의 영광이 이방인 가운데 얼마나 풍성한지를 알게 하려 하심이라 이 비밀은 너희 안에 계신 그리스도시니 곧 영광의 소망이니라."

그리스도의 비밀은 하나님의 성도들에게 나타났습니다. 그러므로 우리가 그리스도의 비밀을 알기 위해서는 하나님의 성도가 되어야 합니다. 하나님의 성도는 하나님의 사랑하심을 받고 성도로 부르심을 받은 자요(롬1:7), 존귀한 자요(시16:3), 하나님을 가까이하는 백성이요(시148:14), 하나님의 수중에 있으며 주의 발아래에서 주의 말씀을 받은 자요(신33:3), 그리스도 예수 안에서 거룩하여진 자요(고전1:2), 그리스도 안에서 신실한 자요(골1:2), 하나님의 계명과 예수님에 대한 믿음을 지키는 자요(계14:12), 세상을 판단할 자들입니다(고전6:2).

그리스도의 비밀은 예수 그리스도의 풍성함을 나타내는 것입니다. 하나님은 허물과 죄로 죽었던 우리를 그리스도와 함께 살리셨습니다. 우리가 은혜로 구원을 받은 것입니다. 또 하나님은 우리를 그리스도와 함께 일으키사 그리스도 예수 안에서 함께 하늘에 앉히셨습니다. 그리고 하나님은 그리스도 예수 안에서 우리에게 자비하심으로써 그 은혜의 풍성함을 오는 여러 세대에 나타내십니다(엡 2:5-7). 이것이 그리스도의 비밀입니다. 하나님은 그 은혜의 풍성함을 오는 여러 세대에 사도들로 나타내셨고 우리들로 나타내십니다. 그러므로 우리는 하나님이 사도들로 나타내신 예수 그리스도의 풍성함을 나타내야 합니다. 하나님께서 그리스도와 함께 살리시고 또 함께 일으키사 그리스도 예수 안에서 함께 하늘에 앉히신 자가 예수 그리스도의 풍성함을 나타낼 수 있습니다.

엡2:5-7   "허물로 죽은 우리를 그리스도와 함께 살리셨고(너희는 은혜로 구원을 받은 것이라) 또 함께 일으키사 그리스도 예수 안에서 함께 하늘에 앉히시니 이는 그리스도 예수 안에서 우리에게 자비하심으로써 그 은혜의 풍성함을 오는 여러 세대에 나타내려 하심이라."

그러면 예수 그리스도의 풍성함은 무엇일까요?

1) 예수 그리스도의 풍성함은 이방인(불신자)들이 그리스도 예수 안에서 그리스도의 피로 유대인들(성도들)과 가까워진 것입니다.

이방인들(불신자들)은 그리스도 밖에 있었고 약속의 언약들에 대하여는 외인이요 세상에서 소망이 없고 하나님도 없는 자이며 멀리 있었습니다. 그런데 이러한 이방인(불신자)들이 그리스도 예수 안에서 그리스도의 피로 가까워진 것입니다(엡2:12-13). 불신자들이 그리스도 예수 안에서 그리스도의 피로 성도들과 가까워진 것이 예수 그리스도의 풍성함이며 사도 바울이 깨달은 그리스도의 비밀입니다. 불신자가 성도가 되는 것이 예수 그리스도의 풍성함입니다. 우리는 불신자였던 내가 그리스도 예수 안에서 그리스도의 피로 성도가 된 것을 깨닫고 나타내야 합니다.

> 엡2:12-13 "그 때에 너희는 그리스도 밖에 있었고 이스라엘 나라 밖의 사람이라 약속의 언약들에 대하여는 외인이요 세상에서 소망이 없고 하나님도 없는 자이더니 이제는 전에 멀리 있던 너희가 그리스도 예수 안에서 그리스도의 피로 가까워졌느니라."

2) 예수 그리스도의 풍성함은 예수 그리스도로 말미암아 이방인(불신자)과 유대인(성도)이 한 성령 안에서 하나님 아버지께 나아감을 얻은 것입니다.

예수님은 이 둘(이방인과 유대인)로 자기 안에서 한 새 사람을 지어 화평하게 하시고 또 십자가로 이 둘을 한 몸으로 하나님과 화목하게 하셨습니다. 그리고 예수 그리스도로 말미암아 이방인과 유대인이 한 성령 안에서 아버지께 나아감을 얻게 하셨습니다. 그래서 이방인이 외인도 아니요 나그네도 아니요 오직 성도들과 동일한 시민이요 하나님의 권속이 된 것입니다(엡2:14-19). 불신자가 성도와 같이 새 사람으로 지어지고 하나님과 화목하게 되고 성령 안에서 하나님 아버지께 나아감을 얻게 된 것이 예수 그리스도의 풍성함이며 사도 바울이 깨달은 그리스도의 비밀입니다. 우리는 불신자였던 나를 예수님이 새 사람으로 지어 화평하게 하시고 십자가로 하나님과 화목하게 하시고 성령 안에서 아버지 하나님께 나아감을 얻게 하신 것을 깨닫고 나타내야 합니다. 우리는 성도들과 동일한 시민이요 하나님의 권속이 된 것을 깨닫고 나타내야 합니다.

> 엡2:14-19 "그는 우리의 화평이신지라 둘로 하나를 만드사 원수 된 것 곧 중간에 막힌 담을 자기 육체로 허시고 법조문으로 된 계명의 율법을 폐하셨으니 이는 이 둘로 자기 안에서 한 새 사람을 지어 화평하게 하시고 또 십자가로 이 둘을 한 몸으로 하나님과 화목하게 하려 하심이라 원수 된 것을 십자가로 소멸하시고 또 오셔서 먼 데 있는 너희에게 평안을 전하시고 가까운 데 있는 자들에게 평안을 전하셨으니 이는 그로 말미암아 우리 둘이 한 성령 안에서 아버지께 나아감을 얻게 하려 하심이라 그러므로 이제부터 너희는 외인도 아니요 나그네도 아니요 오직 성도들과 동일한 시민이요 하나님의 권속이라."

3) 예수 그리스도의 풍성함은 이방인(불신자)들이 복음으로 말미암아 그리스도 예수 안에서 함께 상속자가 되고 함께 지체가 되고 함께 약속에 참여하는 자가 된 것입니다.

이방인(불신자)들이 복음을 듣고 믿음으로 그리스도 예수 안에서 유대인들(성도들)과 함께 상속자가 되고, 함께 지체가 되고, 함께 약속에 참여하는 자가 되었습니다(엡3:6). 불신자가 복음을 듣고 믿음으로 그리스도 예수 안에서 상속자가 되고 지체가 되고 약속에 참여하는 자가 된 것이 예수 그리스도의 풍성함이며 사도 바울이 깨달은 그리스도의 비밀입니다. 우리는 불신자였던 내가 복음을 듣고 믿음으로 그리스도 예수 안에서 상속자가 되고 지체가 되고 약속에 참여하는 자가 된 것을 깨닫고 나타내야 합니다.

엡3:6   "이는 이방인들이 복음으로 말미암아 그리스도 예수 안에서 함께 상속자가 되고 함께 지체가 되고 함께 약속에 참여하는 자가 됨이라."

우리는 전에 그리스도 밖에 있었고 이스라엘 나라 밖의 사람이며 약속의 언약들에 대하여 외인이요 세상에서 소망이 없고 하나님도 없는 자였습니다. 그런데 이러한 우리가 이제는 그리스도 예수 안에서 그리스도의 피로 하나님의 사람들과 가까워졌고 예수 그리스도로 말미암아 한 성령 안에서 하나님 아버지께 나아감을 얻었습니다. 그래서 이제부터 우리는 외인도 아니요 나그네도 아니요 오직 성도들과 동일한 시민이요 하나님의 권속입니다. 그리고 우리가 그리스도 예수 안에서 함께 상속자가 되고 함께 지체가 되고 함께 약속에 참여하는 자가 되었습니다. 이것이 우리가 나타내는 예수 그리스도의 풍성함이며 그리스도의 비밀입니다.

그리스도의 비밀을 깨달은 바울은 교회의 일꾼이 되었습니다. 바울이 교회의 일꾼 된 것은 하나님이 성도들을 위하여 그에게 주신 직분을 따라 하나님의 말씀을 이루려 함이었습니다. 그리고 바울은 성도들을 위하여 받는 괴로움을 기뻐하고 그리스도의 남은 고난을 교회를 위하여 자기 육체에 채웠습니다(골1:24-25). 바울은 그리스도를 전파하여 각 사람을 권하고 모든 지혜로 각 사람을 가르쳤습니다. 바울은 각 사람을 그리스도 안에서 완전한 자로 세우려고 하나님의 역사를 따라 힘을 다하여 수고하였습니다(골1:28-29).

> 골1:24-25 "나는 이제 너희를 위하여 받는 괴로움을 기뻐하고 그리스도의 남은 고난을 그의 몸된 교회를 위하여 내 육체에 채우노라 내가 교회 일꾼 된 것은 하나님이 너희를 위하여 내게 주신 직분을 따라 하나님의 말씀을 이루려 함이니라."

> 골1:28-29 "우리가 그를 전파하여 각 사람을 권하고 모든 지혜로 각 사람을 가르침은 각 사람을 그리스도 안에서 완전한 자로 세우려 함이니 이를 위하여 나도 내 속에서 능력으로 역사하시는 이의 역사를 따라 힘을 다하여 수고하노라."

우리도 그리스도의 비밀을 깨닫고 그리스도의 일꾼이 되어 그리스도를 전파하여 각 사람을 권하고 가르쳐서 그리스도 안에서 완전한 자로 세워야 합니다. 그리스도의 일꾼인 우리는 능력으로 역사하시는 하나님의 역사를 따라 힘을 다하여 수고해야 합니다.

하나님이 죄인들을 그리스도로 말미암아 구원하시기에 하나님의 비밀은 그리스도의 비밀입니다(엡3:4). 그리스도의 비밀은 복음으로 전파되기에 복음의 비밀입니다(엡6:19). 복음을 듣고 믿음으로 구원을 받기에 믿음의 비밀입니다(딤전3:9). 하나님이 구원받은 자들로 교회를 세우기에 교회의 비밀입니다(엡5:32). 하나님이 세우신 교회에 사자를 세우시고 교회를 인도하시기에 일곱 별(사자)의 비밀입니다(계1:20). 구원받은 자들은 하나님의 집(교회)에서 경건하게 행하기에 경건의 비밀입니다(딤전3:15-16). 경건하게 사는 자들은 생명의 부활을 하기에 부활의 비밀입니다(고전15:51-52). 생명의 부활을 한 자들은 천국에 들어가기에 천국의 비밀입니다(마13:11). 그리고 죄인들이 그리스도로 말미암아 구원받는 것을 방해하고, 그리스도의 비밀이 복음으로 전파되는 것을 방해하고, 복음을 듣고 믿음으로 구원받는 것을 방해하고, 구원받는 자들로 교회가 세워지는 것을 방해하고, 교회에 사자가 세워져 교회를 인도하는 것을 방해하고, 구원받은 자들이 교회에서 경건하게 사는 것을 방해하고, 생명의 부활을 못하게 방해하고, 천국에 들어가는 것을 방해하는 불법의 비밀이 있습니다(살후2:7).

엡3:4	"그것을 읽으면 내가 그리스도의 비밀을 깨달은 것을 너희가 알 수 있으리라."
엡6:19	"또 나를 위하여 구할 것은 내게 말씀을 주사 나로 입을 열어 복음의 비밀을 담대히 알리게 하옵소서 할 것이니"
딤전3:9	"깨끗한 양심에 믿음의 비밀을 가진 자라야 할지니"
엡5:32	"이 비밀이 크도다 나는 그리스도와 교회에 대하여 말하노라."

계1:20	"네가 본 것은 내 오른손의 일곱 별의 비밀과 또 일곱 금 촛대라 일곱 별은 일곱 교회의 사자요 일곱 촛대는 일곱 교회니라."
딤전3:15-16	"만일 내가 지체하면 너로 하여금 하나님의 집에서 어떻게 행하여야 할지를 알게 하려 함이니 이 집은 살아 계신 하나님의 교회요 진리의 기둥과 터니라 크도다 경건의 비밀이여, 그렇지 않다 하는 이 없도다 그는 육신으로 나타난 바 되시고 영으로 의롭다 하심을 받으시고 천사들에게 보이시고 만국에서 전파되시고 세상에서 믿은 바 되시고 영광 가운데서 올려지셨느니라."
고전15:51-52	"보라 내가 너희에게 비밀을 말하노니 우리가 다 잠 잘 것이 아니요 마지막 나팔에 순식간에 홀연히 다 변화하리니 나팔 소리가 나매 죽은 자들이 썩지 아니할 것으로 다시 살아나고 우리도 변화하리라."
마13:11	"대답하여 이르시되 천국의 비밀을 아는 것이 너희에게는 허락되었으나 그들에게는 아니되었나니"
살후2:7	"불법의 비밀이 이미 활동하였으나 지금은 그것을 막는 자가 있어 그 중에서 옮겨질 때까지 하리라."

우리는 그리스도의 비밀, 복음의 비밀, 믿음의 비밀, 교회의 비밀, 사자(목회자)의 비밀, 경건의 비밀, 부활의 비밀, 천국의 비밀, 불법의 비밀을 알아야 합니다. 그래야 우리가 그리스도의 일꾼, 복음의 일꾼, 교회의 일꾼으로 바르게 일할 수 있습니다.

1. 태초에 계신 예수 그리스도의 비밀

예수 그리스도는 태초에 생명의 말씀으로 하나님과 함께 계신 하나님이십니다. 예수 그리스도는 창조자이십니다. 그리고 예수 그리스도는 창세전에 하나님 아버지와 함께 영화를 가지셨습니다. 태초에 계신 예수 그리스도는 하나님이시오 영생이시오 창조자이십니다. 그리고 예수 그리스도는 영세 전부터 감추어졌다가 이제는 나타내신바 되셨습니다. 하나님은 창세전에 그리스도 안에서 우리를 택하셨습니다. 태초(창세 전)에 계신 예수 그리스도는 비밀이요 우리에게는 복음입니다.

1) 예수 그리스도는 태초에 생명의 말씀으로 하나님과 함께 계신 하나님이십니다.

예수 그리스도의 근본은 상고에, 영원에 있습니다(미5:2). 예수 그리스도는 태초에 하나님과 함께 계신 생명의 말씀 곧 하나님이십니다(요1:1). 예수 그리스도는 참 하나님이시오 영생이시며 우리가 그 안에 있습니다(요일5:20). 예수 그리스도는 하나님의 영광의 광채시오 그 본체의 형상이십니다(히1:3). 예수 그리스도는 근본 하나님의 본체이십니다(빌2:6).

| 미5:2 | "베들레헴 에브라다야 너는 유다 족속 중에 작을지라도 이스라엘을 다스릴 자가 네게서 내게로 나올 것이라. 그의 근본은 상고에, 영원에 있느니라." |

요1:1	"태초에 말씀이 계시니라. 이 말씀이 하나님과 함께 계셨으니 이 말씀은 곧 하나님이시니라."
요일5:20	"또 아는 것은 하나님의 아들이 이르러 우리에게 지각을 주사 우리로 참된 자를 알게 하신 것과 또한 우리가 참된 자 곧 그 아들 예수 그리스도 안에 있는 것이니 그는 참 하나님이시오 영생이시라."
히1:3	"이는 하나님의 영광의 광채시오 그 본체의 형상이시라 그의 능력의 말씀으로 만물을 붙드시며 죄를 정결하게 하는 일을 하시고 높은 곳에 계신 지극히 크신 이의 우편에 앉으셨느니라."
빌2:6	"그는 근본 하나님의 본체시나 하나님과 동등됨을 취할 것으로 여기지 아니하시고"

2) 예수 그리스도는 창조자이십니다.

예수 그리스도는 태초에 하나님과 함께 계셨고 만물이 그로 말미암아 지은 바 되었습니다. 지은 것이 하나도 그가 없이는 된 것이 없습니다. 그리고 예수 그리스도 안에 생명이 있었으니 이 생명은 사람들의 빛입니다(요1:2-4). 예수 그리스도는 보이지 아니하시는 하나님의 형상이시요 모든 피조물보다 먼저 계신 분이십니다. 그리고 만물이 그에게서 창조되었습니다. 만물이 다 그로 말미암고 그를 위하여 창조되었습니다(골1:15-17). 예수 그리스도는 하나님의 창조의 근본이십니다(계3:14). 예수 그리스도는 만유시오 만유 안에 계십니다(골3:11). 예수 그리스도는 만유의 주 되십니다(행10:36). 예수 그리스도는 만유의 상속자이십니다(히1:2).

예수 그리스도는 만물의 존재의 원인이요 존재의 목적입니다. 예수 그리스도는 하나님 아버지께서 창조하실 때에 그 곁에 있어서 창조자가 되어 날마다 그의 기뻐하시는 바가 되었으며 항상 그 앞에서 즐거워하셨습니다(잠8:30-31).

요1:2-4   "그가 태초에 하나님과 함께 계셨고 만물이 그로 말미암아 지은 바 되었으니 지은 것이 하나도 그가 없이는 된 것이 없느니라. 그 안에 생명이 있었으니 이 생명은 사람들의 빛이라."

골1:15-17 "그는 보이지 아니하시는 하나님의 형상이시오 모든 피조물보다 먼저 나신 이시니 만물이 그에게서 창조되되 하늘과 땅에서 보이는 것들과 보이지 않는 것들과 혹은 왕권들이나 주권들이나 통치자들이나 권세들이나 만물이 다 그로 말미암고 그를 위하여 창조되었고 또한 그가 만물보다 먼저 계시고 만물이 그 안에 함께 섰느니라."

계3:14   "라오디게아교회의 사자에게 편지하라 아멘이시오 충성되고 참된 증인이시오 하나님의 창조의 근본이신 이가 이르시되"

골3:11   "거기에는 헬라인이나 유대인이나 할례파나 무할례파나 야만인이나 스구디아인이나 종이나 자유인이 차별이 있을 수 없나니 오직 그리스도는 만유시오 만유 안에 계시니라."

행10:36   "만유의 주 되신 예수 그리스도로 말미암아 화평의 복음을 전하사 이스라엘 자손들에게 보내신 말씀"

히1:2   "이 모든 날 마지막에는 아들을 통하여 우리에게 말씀하셨으니 이 아들을 만유의 상속자로 세우시고 또 그로 말미암아 모든 세계를 지으셨느니라."

잠8:30-31 "내가 그 곁에 있어서 창조자가 되어 날마다 그의 기뻐하
신 바가 되었으며 항상 그 앞에서 즐거워하였으며 사람이
거처할 땅에서 즐거워하며 인자들을 기뻐하였느니라."

3) 예수 그리스도는 창세 전에 아버지 하나님과 함께 영화를 가지
셨습니다.

예수 그리스도는 창세 전에 아버지와 함께 영화를 가지셨습니다
(요17:5). 예수님은 "아버지여 창세 전에 내가 아버지와 함께 가졌
던 영화로써 지금도 아버지와 함께 나를 영화롭게 하옵소서"라고
기도하셨습니다(요17:5). 그리고 예수님은 아버지께서 하라고 맡
기신 일을 이루어 아버지를 이 세상에서 영화롭게 하셨습니다(요
17:4). 하나님 아버지께서 창세 전부터 예수 그리스도를 사랑하시
므로 그에게 영광을 주셨습니다(요17:24). 예수님은 믿는 자들이
그 영광을 보기를 원하셨습니다. 그리고 예수님은 아버지께서 주신
영광을 제자들(믿는 자들)에게 주셨습니다(요17:22). 그래서 우리
가 믿으면 하나님의 영광을 봅니다(요11:40). 예수님이 하시는 일
은 영광스러운 일이었습니다(눅13:17). 그러므로 우리는 무엇을 하
든지 다 하나님의 영광을 위하여 해야 합니다(고전10:31).

요17:5   "아버지여 창세 전에 내가 아버지와 함께 가졌던 영화로써
지금도 아버지와 함께 나를 영화롭게 하옵소서."

요17:4   "아버지께서 내게 하라고 주신 일을 이루어 아버지를 이

세상에서 영화롭게 하였사오니"

요17:24 "아버지여 내게 주신 자도 나 있는 곳에 나와 함께 있어 아버지께서 창세 전부터 나를 사랑하시므로 내게 주신 나의 영광을 그들로 보게 하시기를 원하옵나이다."

요17:22 "내게 주신 영광을 내가 그들에게 주었사오니 이는 우리가 하나가 된 것 같이 그들도 하나가 되게 하려 함이니이다."

요11:40 "예수께서 이르시되 내 말이 네가 믿으면 하나님의 영광을 보리라 하지 아니하였느냐 하시니"

눅13:17 "예수께서 이 말씀을 하시매 모든 반대하는 자들은 부끄러워하고 온 무리는 그가 하시는 모든 영광스러운 일을 기뻐하니라."

고전10:31 "그런즉 너희가 먹든지 마시든지 무엇을 하든지 다 하나님의 영광을 위하여 하라."

4) 예수 그리스도는 영세 전부터 계시며 감추어졌다가 이제는 나타내신 바 되셨습니다.

태초부터 있는 생명의 말씀 곧 이 생명이 나타내신 바 되었습니다. 그리고 이 영원한 생명을 사도들이 보았고 증언하여 우리에게 전하였습니다. 예수 그리스도는 아버지와 함께 계시다가 우리에게 나타내신 바 된 분이십니다(요일1:1-2). 사도 바울이 전파한 복음과 예수 그리스도는 영세(창세) 전부터 감추어졌다가 이제는 나타내신 바 되셨습니다. 복음과 예수 그리스도를 나타내신 것은 하나님의 명령을 따라 선지자들의 글로 말미암아 그 신비의 계시를 따라 된 것입니다(나타내신 방법). 복음과 예수 그리스도를 나타내신 것은 모든 민족으로 믿어 순종하게 하시려고 알게 하셨습니다(나타내신 목적). 그리고 하나님은 이 복음으로 우리를 견고하게 하십니다(롬16:25-27).

> 요일1:1-2 "태초부터 있는 생명의 말씀에 관하여는 우리가 들은 바요 눈으로 본 바요 자세히 보고 우리의 손으로 만진 바라 이 생명이 나타내신 바 된지라 이 영원한 생명을 우리가 보았고 증언하여 너희에게 전하노니 이는 아버지와 함께 계시다가 우리에게 나타내신 바 된 이시니라."

> 롬16:25-27 "나의 복음과 예수 그리스도를 전파함은 영세 전부터 감추어졌다가 이제는 나타내신 바 되었으며 영원하신 하나님의 명을 따라 선지자들의 글로 말미암아 모든 민족이 믿어 순종하게 하시려고 알게 하신 바 그 신비의 계시를 따라 된 것이니 이 복음으로 너희를 능히 견고하게 하실 지혜로우신 하나님께 예수 그리스도로 말미암아 영광이 세세무궁하도록 있을지어다. 아멘."

우리는 태초에 계신 예수 그리스도를 알아야 합니다. 예수 그리스도는 태초에 생명의 말씀으로 하나님과 함께 계신 하나님이시며, 창조자이시며, 창세 전에 아버지와 함께 영화를 누리셨으며, 영세 전부터 감추어졌다가 이제는 나타내신 바 되셨습니다. 태초에 계신 예수 그리스도는 창조의 근본이시오, 만유 안에 계시며, 만유의 주가 되시며, 만유의 상속자이십니다. 그리고 하나님은 창세 전에 그리스도 안에서 우리를 택하셨습니다(엡1:4).

엡1:4   "곧 창세 전에 그리스도 안에서 우리를 택하사 우리로 사
             랑 안에서 그 앞에 거룩하고 흠이 없게 하시려고"

2. 세상에 오신 예수 그리스도의 비밀

예수님은 태초에 생명의 말씀으로 하나님과 함께 계셨습니다(선
재). 그런데 이 말씀이신 예수님이 육신이 되어 세상에 오셨습니다
(성육신:incarnation)(요1:14). 세상에 오신 예수님은 비밀이요 우
리에게는 복음입니다. 하나님의 아들 예수님이 이 세상에 오셨으
나 사람들은 알지 못했고 영접하지 않았습니다(요1:10-11). 사람들
이 보기에 이 세상에 오신 예수님은 목수 요셉의 아들이었고 야고
보, 요셉, 시몬, 유다의 형제였습니다(마13:55). 그러나 예수님을 영
접하는 자 곧 그 이름을 믿는 자들에게는 하나님의 자녀가 되는 권
세를 주셨습니다(요1:12). 하나님의 자녀는 혈통으로나 육정으로나
사람의 뜻으로 나지 아니하고 오직 하나님께로부터 난 자들입니다
(요1:13).

요1:14   "말씀이 육신이 되어 우리 가운데 계시매 우리가 그 영광
             을 보니 아버지의 독생자의 영광이요 은혜와 진리가 충만
             하더라."

요1:10-11   "그가 세상에 계셨으며 세상은 그로 말미암아 지은 바 되
             었으되 세상이 그를 알지 못하였고 자기 땅에 오매 자기
             백성이 영접하지 아니하였으나"

마13:55	"이는 그 목수의 아들이 아니냐 그 어머니는 마리아, 그 형제들은 야고보, 요셉, 시몬, 유다라 하지 않느냐"
요1:12	"영접하는 자 곧 그 이름을 믿는 자들에게는 하나님의 자녀가 되는 권세를 주셨으니"
요1:13	"이는 혈통으로나 육정으로나 사람의 뜻으로 나지 아니하고 오직 하나님께로부터 난 자들이니라."

1) 예수님이 세상에 오신 것은 아버지 하나님께서 보내셨기 때문입니다.

예수님은 "내가 스스로 온 것이 아니니라 나를 보내신 이는 참되시니 너희는 그를 알지 못하나 나는 아노니 이는 내가 그에게서 났고 그가 나를 보내셨음이라(요7:28-29)"고 말씀하셨습니다. 예수님은 하나님 아버지께서 보내셔서 세상에 오셨습니다(요8:42). 그리고 예수님을 보내신 아버지 하나님이 예수님과 함께 계십니다(요8:16). 그래서 예수님의 판단은 참됩니다. 예수님은 그를 보내신 아버지의 뜻을 행하셨습니다(요6:38). 그리고 예수님은 그를 보내신 아버지로 말미암아 사셨습니다(요6:57).

| 요8:42 | "예수께서 이르시되 하나님이 너희 아버지였으면 너희가 나를 사랑하였으리니 이는 내가 하나님께로부터 나와서 왔음이라 나는 스스로 온 것이 아니요 아버지께서 나를 보내신 것이니라." |
| 요8:16 | "만일 내가 판단하여도 내 판단이 참되니 이는 내가 혼자 있는 것이 아니요 나를 보내신 이가 나와 함께 계심이라." |

요6:38	"내가 하늘에서 내려온 것은 내 뜻을 행하려 함이 아니요 나를 보내신 이의 뜻을 행하려 함이니라."
요6:57	"살아 계신 아버지께서 나를 보내시매 내가 아버지로 말미암 아 사는 것 같이 나를 먹는 그 사람도 나로 말미암아 살리라."

세상에 오신 예수님의 교훈은 그를 보내신 아버지 하나님의 것입니다(요7:16). 예수님의 말씀은 그를 보내신 아버지 하나님의 말씀입니다(요14:24) 예수님을 보내신 아버지께서 예수님이 말할 것과 이를 것을 친히 명령하여 주셨습니다(요12:49). 그리고 예수님은 아버지의 명령이 영생인 줄 아셨습니다(요12:50). 그래서 예수님은 아버지께서 그에게 말씀하신 그대로 이르셨습니다. 하나님 아버지께서 예수님을 보내셨음으로 예수님을 믿는 자는 그를 보내신 아버지를 믿는 것입니다(요12:44). 그리고 예수님을 보는 자는 그를 보내신 아버지를 본 것입니다(요12:45). 또한 예수님을 영접하는 자는 그를 보내신 아버지를 영접하는 것입니다(요13:20).

요7:16	"예수께서 대답하여 이르시되 내 교훈은 내 것이 아니요 나를 보내신 이의 것이니라."
요14:24	"나를 사랑하지 아니하는 자는 내 말을 지키지 아니하나니 너희가 듣는 말은 내 말이 아니요 나를 보내신 아버지의 말씀이니라."
요12:49	"내가 내 자의로 말한 것이 아니요 나를 보내신 아버지께서 내가 말할 것과 이를 것을 친히 명령하여 주셨으니"

요12:50　“나는 그의 명령이 영생인 줄 아노라 그러므로 내가 이르는 것은 내 아버지께서 내게 말씀하신 그대로니라 하시니라.”

요12:44　“예수께서 외쳐 이르시되 나를 믿는 자는 나를 믿는 것이 아니요 나를 보내신 이를 믿는 것이며”

요12:45　“나를 보는 자는 나를 보내신 이를 보는 것이니라.”

요13:20　“내가 진실로 진실로 너희에게 이르노니 내가 보낸 자를 영접하는 자는 나를 영접하는 것이요 나를 영접하는 자는 나를 보내신 이를 영접하는 것이니라.”

우리는 아버지 하나님께서 예수님을 보내셨음을 믿어야 합니다(요11:42). 예수님의 제자들은 아버지께서 예수님을 보내신 것을 믿었습니다(요17:8). 아버지 하나님께서 보내신 예수님을 믿는 것이 하나님의 일입니다(요6:29).

요11:42　“항상 내 말을 들으시는 줄을 내가 알았나이다 그러나 이 말씀하옵는 것은 둘러선 무리를 위함이니 곧 아버지께서 나를 보내신 것을 그들로 믿게 하려 함이니이다.”

요17:8　“나는 아버지께서 내게 주신 말씀들을 그들에게 주었사오며 그들은 이것을 받고 내가 아버지께로부터 나온 줄을 참으로 아오며 아버지께서 나를 보내신 줄도 믿었사옵나이다.”

요6:29　“예수께서 대답하여 이르시되 하나님께서 보내신 이를 믿는 것이 하나님의 일이니라 하시니.”

우리는 아버지 하나님께서 보내셔서 이 세상에 오신 예수님을 알아야 합니다. 세상에 오신 예수님은 그리스도시오 살아 계신 하나님의 아들이십니다(마16:16), 각 사람에게 비추는 참 빛이시요(요1:9), 길이요 진리요 생명이시요(요14:6), 세상 죄를 지고 가는 하나님의 어린양이시요(요1:29), 생명의 떡이시요(요6:35), 부활과 생명이시요(요11:25), 선한 목자이시요(10:14-15), 참 포도나무이십니다(요15:1).

마16:16   "시몬 베드로가 대답하여 이르되 주는 그리스도시오 살아
           계신 하나님의 아들이시니이다."

요1:9   "참 빛 곧 세상에 와서 각 사람에게 비추는 빛이 있었으
           니"

요14:6   "예수께서 이르시되 내가 곧 길이요 진리요 생명이니 나로
           말미암지 않고는 아버지께로 올 자가 없느니라."

요1:29   "이튿날 요한이 예수께서 자기에게 나아오심을 보고 이르
           되 보라 세상 죄를 지고 가는 하나님의 어린 양이로다."

요6:35   "예수께서 이르시되 나는 생명의 떡이니 내게 오는 자는
           결코 주리지 아니할 터이요 나를 믿는 자는 영원히 목마
           르지 아니하리라."

요11:25-26 "예수께서 이르시되 나는 부활이요 생명이니 나를 믿는 자
           는 죽어도 살겠고 무릇 살아서 나를 믿는 자는 영원히 죽
           지 아니하리니 이것을 네가 믿느냐."

요10:14-15 "나는 선한 목자라 나는 내 양을 알고 양도 나를 아는 것
           이 아버지께서 나를 아시고 내가 아버지를 아는 것 같으

니 나는 양을 위하여 목숨을 버리노라."

요15:1   "나는 참 포도나무요 내 아버지는 농부라."

2) 예수님은 우리를 속량하시기 위해 오셨습니다.

하나님이 그 아들을 보내시되 여자에게서 나게 하시고 율법 아래
에 나게 하셨습니다(갈4:4). 그 이유와 목적은 율법 아래에 있는 자
들을 속량하시고 우리로 아들의 명분을 얻게 하려 하심이었습니다
(갈4:5). 예수님은 육신으로는 다윗의 혈통에서 나셨습니다(롬1:3).
예수님은 마리아에게 성령으로 잉태되어 나셨습니다(마1:20, 25)
예수님이 마리아에게 성령으로 잉태되어 나신 것은 그가 구원할 자
녀들이 혈과 육에 속하였으매 그도 또한 같은 모양으로 혈과 육을
함께 지니셔서 죽음을 통하여 마귀를 멸하시며 종노릇 하는 모든
자녀들을 놓아 주려 하심입니다(히2:14-16). 하나님은 여자에게서
나신 예수님이 마귀를 멸하실 것을 말씀하셨습니다(창3:15). 그런
데 예수님은 자신이 하나님 아버지에게서 나셨다고 말씀하셨습니
다(요7:28-29). 예수님은 하늘에서 나신 것입니다(고전15:47). 또
한 예수님은 하늘에서 내려왔다고 말씀하셨습니다(요6:51).

갈4:4   "때가 차매 하나님이 그 아들을 보내사 여자에게서 나게
         하시고 율법 아래에 나게 하신 것은"

갈4:5   "율법 아래에 있는 자들을 속량하시고 우리로 아들의 명분
         을 얻게 하려 하심이라."

롬1:3	"그의 아들에 관하여 말하면 육신으로는 다윗의 혈통에서 나셨고
마1:20	"이 일을 생각할 때에 주의 사자가 현몽하여 이르되 다윗의 자손 요셉아 네 아내 마리아 데려오기를 무서워하지 말라 그에게 잉태된 자는 성령으로 된 것이라."
마1:25	"아들을 낳기까지 동침하지 아니하더니 낳으매 이름을 예수라 하니라."
히2:14-16	"자녀들은 혈과 육에 속하였으매 그도 또한 같은 모양으로 혈과 육을 함께 지니심은 죽음을 통하여 죽음의 세력을 잡은 자 곧 마귀를 멸하시며 또 죽기를 무서워하므로 한평생 매여 종노릇 하는 모든 자들을 놓아주려 하심이니 이는 확실히 천사들을 붙들어주려 하심이 아니요 오직 아브라함의 자손을 붙들어 주려 하심이라."
창3:15	"내가 너로 여자와 원수가 되게 하고 네 후손도 여자의 후손과 원수가 되게 하리니 여자의 후손은 네 머리를 상하게 할 것이요 너는 그의 발꿈치를 상하게 할 것이니라."
요7:28-29	"예수께서 성전에서 가르치시며 외쳐 이르시되 너희가 나를 알고 내가 어디서 온 것도 알거니와 내가 스스로 온 것이 아니니라 나를 보내신 이는 참되시니 너희는 그를 알지 못하나 나는 아노니 이는 내가 그에게서 났고 그가 나를 보내셨음이라 하시니"
고전15:47	"첫 사람은 땅에서 났으니 흙에 속한 자이거니와 둘째 사람은 하늘에서 나셨느니라."
요6:51	"나는 하늘에서 내려온 살아 있는 떡이니 사람이 이 떡을 먹으면 영생하리라 내가 줄 떡은 곧 세상의 생명을 위한 내 살이니라 하시니라."

3) 예수님은 무엇을 하려고 세상에 오셨을까요?
  (예수님이 세상에 오신 목적)

  ① 예수님은 하나님 아버지의 뜻을 행하려고 세상에 오셨습니다. 예수님을 보내신 하나님 아버지의 뜻은 예수님을 보고 믿는 자마다 영생을 얻는 것이며 예수님이 그들 중에 하나라도 잃어버리지 아니하고 마지막 날에 다시 살리는 것입니다(요6:38-39).

>요6:38-39 "내가 하늘로서 내려온 것은 내 뜻을 행하려 함이 아니요 나를 보내신 이의 뜻을 행하려 함이니라 나를 보내신 이의 뜻은 내게 주신 자 중에 내가 하나도 잃어버리지 아니하고 마지막 날에 다시 살리는 이것이니라 내 아버지의 뜻은 아들을 보고 믿는 자마다 영생을 얻는 이것이니 마지막 날에 내가 이를 다시 살리리라 하시니라."

  세상에 오신 예수님은 아버지의 뜻을 행하셨습니다. 예수님은 그를 보내신 아버지의 뜻을 이루기 위해 사셨습니다(요6:57). 그리고 예수님은 그를 보내신 아버지의 뜻대로 하셨습니다(요5:30). 또한 예수님은 그를 보내신 아버지의 영광을 구하셨습니다(요7:18). 예수님은 항상 그를 보내신 아버지께서 기뻐하시는 일을 행하셨습니다(요8:29). 그래서 예수님은 자기를 낮추시고 죽기까지 아버지께 복종하셨습니다(빌2:8).

>요6:57 "살아 계신 아버지께서 나를 보내시매 내가 아버지로 말미암아 사는 것 같이 나를 먹는 그 사람도 나로 말미암아 살리라."

요5:30	내가 아무것도 스스로 할 수 없노라 듣는 대로 심판하노니 나는 나의 뜻대로 하려 하지 않고 나를 보내신 이의 뜻대로 하려 하므로 내 심판은 의로우니라."
요7:18	"스스로 말하는 자는 자기 영광만 구하되 보내신 이의 영광을 구하는 자는 참되니 그 속에 불의가 없느니라."
요8:29	"나를 보내신 이가 나와 함께 하시도다 나는 항상 그가 기뻐하시는 일을 행하므로 나를 혼자 두지 아니하셨느니라."
빌2:8	"사람의 모양으로 나타나사 자기를 낮추시고 죽기까지 복종하셨으니 곧 십자가에 죽으심이라."

우리도 하나님 아버지의 뜻대로 행해야 합니다. 예수님은 하늘에 계신 아버지의 뜻대로 행하는 자가 천국에 들어갈 것이라고 말씀하셨습니다(마7:21). 그리고 예수님은 아버지의 뜻대로 하는 자가 형제요 자매요 어머니라고 말씀하셨습니다(마12:50). 또한 예수님은 자기를 보내신 아버지의 뜻을 행하며 그의 일을 온전히 이루는 것이 양식이라고 말씀하셨습니다(요4:34). 우리는 하나님의 선하시고 기뻐하시고 온전하신 뜻이 무엇인지 분별해야 합니다(롬12:2). 우리는 주의 뜻이 무엇인지 이해해야 합니다(엡5:17). 그리고 우리는 하나님의 뜻을 따라 육체의 남은 때를 살아야 합니다(벧전4:2). 그러면 우리가 하나님의 뜻을 행한 후에 약속하신 것을 받습니다(히10:36). 하나님의 뜻을 행하는 자는 영원히 거합니다(요일2:17).

마7:21	"나더러 주여 주여 하는 자마다 다 천국에 들어갈 것이 아니요 다만 하늘에 계신 내 아버지의 뜻대로 행하는 자라야 들어가리라."
마12:50	"누구든지 하늘에 계신 내 아버지의 뜻대로 하는 자가 내 형제요 자매요 어머니이니라 하시더라."
요4:34	"예수께서 이르시되 나의 양식은 나를 보내신 이의 뜻을 행하며 그의 일을 온전히 이루는 이것이니라."
롬12:2	"너희는 이 세대를 본받지 말고 오직 마음을 새롭게 함으로 변화를 받아 하나님의 선하시고 기뻐하시고 온전하신 뜻이 무엇인지 분별하도록 하라."
엡5:17	"그러므로 어리석은 자가 되지 말고 오직 주의 뜻이 무엇인가 이해하라."
벧전4:2	"그 후로는 다시 사람의 정욕을 따르지 않고 하나님의 뜻을 따라 살게 하려 함이라."
히10:36	"너희에게 인내가 필요함은 너희가 하나님의 뜻을 행한 후에 약속하신 것을 받기 위함이라."
요일2:17	"이 세상도, 그 정욕도 지나가되 오직 하나님의 뜻을 행하는 자는 영원히 거하느니라."

② 예수님은 죄인을 구원하려고 세상에 오셨습니다.

하나님은 세상을 구원하기 위해 그 아들 예수님을 보내셨습니다(요3:17). 예수님은 죄인을 구원하려고 세상에 오셨습니다(딤전1:15). 예수님은 죄인을 불러 회개시키려고 오셨습니다(눅5:32). 예수님은 자기 목숨을 많은 사람의 대속물로 주려고 오셨습니다(마

20:28). 예수님은 생명을 얻게 하고 더 풍성히 얻게 하려고 오셨습니다(요10:10).

요3:17   "하나님이 그 아들을 세상에 보내신 것은 세상을 심판하려 하심이 아니요 그로 말미암아 세상이 구원을 받게 하려 하심이라."

딤전1:15   "미쁘다 모든 사람이 받을만한 이 말이여 그리스도 예수께 서 죄인을 구원하시려고 세상에 임하셨다 하였도다 죄인 중에 내가 괴수니라."

눅5:32   "내가 의인을 부르러 온 것이 아니요 죄인을 불러 회개시 키러 왔노라."

마20:28   "인자가 온 것은 섬김을 받으려 함이 아니라 도리어 섬기 려 하고 자기 목숨을 많은 사람의 대속물로 주려 함이니 라."

요10:10   "도둑이 오는 것은 도둑질하고 죽이고 멸망시키려는 것뿐 이요 내가 온 것은 양으로 생명을 얻게 하고 더 풍성히 얻 게 하려는 것이라."

세상에 오신 예수님은 죄인들을 구원하셨습니다. 예수님은 받으신 고난으로 순종함을 배워서 온전하게 되어 영원한 구원의 근원이 되셨습니다(히5:8-9). 그리고 예수님은 항상 살아서 우리를 위하여 간구하시므로 우리를 온전히 구원하십니다(히7:24-25). 또한 예수님은 우리를 구원에 이르게 하기 위하여 다시 오실 것입니다(히9:28).

히5:8-9   "그가 아들이시면서도 받으신 고난으로 순종함을 배워서 온전하게 되셨은즉 자기에게 순종하는 모든 자에게 영원한 구원의 근원이 되시고"

히7:24-25   "예수는 영원히 계시므로 그 제사장 직분도 갈리지 아니하느니라 그러므로 자기를 힘입어 하나님께 나아가는 자들을 온전히 구원하실 수 있으니 이는 그가 항상 살아 계셔서 그들을 위하여 간구하심이니라."

히9:28   "이와 같이 그리스도도 많은 사람의 죄를 담당하시려고 단번에 드리신 바 되셨고 구원에 이르게 하기 위하여 죄와 상관 없이 자기를 바라는 자들에게 두 번째 나타나시리라."

예수님이 우리를 구원하셨습니다. 예수님이 부르신 자는 하나님이 회개함을 주시므로 회개합니다. 그리고 하나님이 주신 회개를 하면 진리를 알고, 깨어 마귀의 올무에서 벗어나, 하나님께 사로잡힌 바 되어 하나님의 뜻을 따르게 됩니다(딤후2:25-26). 허물로 죽은 우리를 그리스도와 함께 살리신 하나님의 은혜에 의하여 우리는 믿음으로 말미암아 구원을 받았습니다(엡2:4-5, 8). 예수님이 우리의 눈을 뜨게 하여 어둠에서 빛으로, 사탄의 권세에서 하나님께로 돌아오게 하시고 죄 사함과 예수님을 믿어 거룩하게 된 무리 가운데서 기업을 얻게 하셨습니다(행26:18).

딤후2:25-26 "거역하는 자를 온유함으로 훈계할지니 혹 하나님이 그들에게 회개함을 주사 진리를 알게 하실까 하며 그들로 깨어 마귀의 올무에서 벗어나 하나님께 사로잡힌 바 되어 그 뜻을 따르게 하실까 함이라."

엡2:4-5   "긍휼이 풍성하신 하나님이 우리를 사랑하신 그 큰 사랑
          을 인하여 허물로 죽은 우리를 그리스도와 함께 살리셨고
          (너희는 은혜로 구원을 받은 것이라)"

엡2:8   "너희는 그 은혜에 의하여 믿음으로 말미암아 구원을 받았
          으니 이것은 너희에게서 난 것이 아니요 하나님의 선물이
          라."

행26:18   "그 눈을 뜨게 하여 어둠에서 빛으로, 사탄의 권세에서 하
          나님께로 돌아오게 하고 죄 사함과 나를 믿어 거룩하게
          된 무리 가운데서 기업을 얻게 하리라 하더이다."

③ 예수님은 율법을 완전하게 하려고 세상에 오셨습니다.

예수님은 율법을 완전하게 하려고 세상에 오셨습니다(마5:17).

마5:17   "내가 율법이나 선지자를 폐하러 온 줄로 생각하지 말라.
          폐하러 온 것이 아니요 완전하게 하려 함이로라."

세상에 오신 예수님은 율법을 완전하게 하셨습니다. 예수님은 모
든 믿는 자에게 의를 이루기 위하여 율법의 마침이 되셨습니다(롬
10:4). 하나님이 예수님을 율법 아래에 나게 하셔서 율법 아래에 있
는 자들을 속량하시고 아들의 명분을 얻게 하셨습니다(갈4:4-5).
하나님이 예수님을 죄 있는 육신의 모양으로 보내어 육신에 죄를
정하사 그 영을 따라 행하는 우리에게 율법의 요구가 이루어지게
하셨습니다(롬8:3-4). 예수님은 우리를 위하여 즉 아브라함의 복이
우리에게 미치게 하고 우리로 하여금 믿음으로 말미암아 성령의 약

속을 받게 하시려고 저주받은 바 되셔서 율법의 저주에서 우리를 속량하셨습니다(갈3:13-14).

롬10:4	"그리스도는 모든 믿는 자에게 의를 이루기 위하여 율법의 마침이 되시니라."
갈4:4-5	"때가 차매 하나님이 그 아들을 보내사 여자에게서 나게 하시고 율법 아래에 나게 하신 것은 율법 아래에 있는 자들을 속량하시고 우리로 아들의 명분을 얻게 하려 하심이라."
롬8:3-4	"율법이 육신으로 말미암아 연약하여 할 수 없는 그것을 하나님은 하시나니 곧 죄로 말미암아 자기 아들을 죄 있는 육신의 모양으로 보내어 육신에 죄를 정하사 육신을 따르지 않고 그 영을 따라 행하는 우리에게 율법의 요구가 이루어지게 하려 하심이니라."
갈3:13-14	"그리스도께서 우리를 위하여 저주를 받은 바 되사 율법의 저주에서 우리를 속량하셨으니 기록된 바 나무에 달린 자마다 저주 아래에 있는 자라 하였음이라 이는 그리스도 예수 안에서 아브라함의 복이 이방인에게 미치게 하고 또 우리로 하여금 믿음으로 말미암아 성령의 약속을 받게 하려 함이라."

예수님이 우리를 율법에서 벗어나 자유하게 하셨습니다. 우리가 예수님을 믿는 것은 율법을 파기하는 것이 아니라 도리어 율법을 굳게 세우는 것입니다(롬3:31). 우리는 그리스도의 몸으로 말미암아 율법에 대하여 죽임을 당하였습니다(롬7:4). 그래서 우리는 율법에서 벗어났습니다(롬7:6). 우리는 성령님의 인도하심을 받으므

로 율법 아래에 있지 아니합니다(갈5:18). 우리는 율법에서 자유하나 자유의 율법대로 심판 받을 자처럼 말도 하고 행하기도 해야 합니다(약2:12).

롬3:31	"그런즉 우리가 믿음으로 말미암아 율법을 파기하느냐 그럴 수 없느니라 도리어 율법을 굳게 세우느니라."
롬7:4	"그러므로 내 형제들아 너희도 그리스도의 몸으로 말미암아 율법에 대하여 죽임을 당하였으니 이는 다른 이 곧 죽은 자 가운데서 살아나신 이에게 가서 우리가 하나님을 위하여 열매를 맺게 하려 함이라."
롬7:6	"이제는 우리가 얽매였던 것에 대하여 죽었으므로 율법에서 벗어났으니 이러므로 우리가 영의 새로운 것으로 섬길 것이요 율법 조문의 묵은 것으로 아니할지니라."
갈5:18	"너희가 만일 성령의 인도하시는 바가 되면 율법 아래에 있지 아니하리라."
약2:12	"너희는 자유의 율법대로 심판 받을 자처럼 말도 하고 행하기도 하라."

④ 예수님은 마귀의 일을 멸하려고 세상에 오셨습니다.

예수님은 마귀의 일을 멸하려고 세상에 오셨습니다(요일3:8).

예수님은 마귀를 멸하시며 종노릇하는 모든 자들을 놓아주려고 혈육에 함께 속하셨습니다(히2:14-15).

요일3:8   "죄를 짓는 자는 마귀에게 속하나니 마귀는 처음부터 범죄
          함이라 하나님의 아들이 나타나신 것은 마귀의 일을 멸
          하려 하심이라."

히2:14-15 "자녀들은 혈과 육에 속하였으매 그도 또한 같은 모양으로
          혈과 육을 함께 지니심은 죽음을 통하여 죽음의 세력을
          잡은 자 곧 마귀를 멸하시며 또 죽기를 무서워하므로 한
          평생 매여 종노릇 하는 모든 자들을 놓아 주려 하심이니"

세상에 오신 예수님은 마귀의 일을 멸하셨습니다. 예수님은 성
령님에게 이끌리어 마귀에게 시험을 받으셨습니다(마4:1). 예수님
은 시험하는 마귀를 물리치셨으며 마귀는 예수님을 떠났습니다(마
4:10-11). 예수님은 성령을 힘입어 귀신을 쫓아내셨으며 하나님의
나라가 임하였습니다(마12:28). 그리고 예수님은 마귀에게 눌린 모
든 자를 고치셨습니다(행10:38). 또한 예수님은 많은 귀신을 내쫓
으셨습니다(막1:34).

마4:1   "그 때에 예수께서 성령에게 이끌리어 마귀에게 시험을 받
          으러 광야로 가사"

마4:10-11 "이에 예수께서 말씀하시되 사탄아 물러가라 기록되었으
          되 주 너의 하나님께 경배하고 다만 그를 섬기라 하였느
          니라 이에 마귀는 예수를 떠나고 천사들이 나아와서 수종
          드니라."

마12:28   "그러나 내가 하나님의 성령을 힘입어 귀신을 쫓아내는 것
          이면 하나님의 나라가 이미 너희에게 임하였느니라."

행10:38   "하나님이 나사렛 예수에게 성령과 능력을 기름 붓듯 하

셨으매 그가 두루 다니시며 선한 일을 행하시고 마귀에게 눌린 모든 사람을 고치셨으니 이는 하나님이 함께하셨음 이라."

막1:34 "예수께서 각종 병이 든 많은 사람을 고치시며 많은 귀신 을 내쫓으시되 귀신이 자기를 알므로 그 말하는 것을 허 락하지 아니하시니라."

예수님이 우리에게 마귀의 모든 능력을 제어할 권능을 주셨습니 다. 예수님은 열두 제자에게 모든 귀신을 제어하며 병을 고치는 능 력과 권위를 주셨습니다(눅9:1). 예수님이 우리에게 마귀의 모든 능력을 제어할 권능을 주셨습니다(눅10:19). 예수님을 믿는 자들 에게는 예수 이름으로 귀신을 쫓아내는 표적이 따릅니다(막16:17-18). 우리는 믿음을 굳건하게 하여 마귀를 대적해야 합니다(벧전 5:8-9). 우리가 마귀를 대적하면 마귀가 우리를 피합니다(약4:7).

눅9:1 "예수께서 열두 제자를 불러 모으사 모든 귀신을 제어하며 병을 고치는 능력과 권위를 주시고"

눅10:19 "내가 너희에게 뱀과 전갈을 밟으며 원수의 모든 능력을 제어할 권능을 주었으니 너희를 해칠 자가 결코 없으리 라."

막16:17-18 "믿는 자들에게는 이런 표적이 따르리니 곧 그들이 내 이 름으로 귀신을 쫓아내며 새 방언을 말하며 뱀을 집어 올 리며 무슨 독을 마실지라도 해를 받지 아니하며 병든 사 람에게 손을 얹은즉 나으리라."

벧전5:8-9 "근신하라 깨어라 너희 대적 마귀가 우는 사자같이 두루 다니며 삼킬 자를 찾나니 너희는 믿음을 굳건하게 하여 그를 대적하라 이는 세상에 있는 너희 형제들도 동일한 고난을 당하는 줄을 앎이라."

약4:7 "그런즉 너희는 하나님께 복종할지어다 마귀를 대적하라 그리하면 너희를 피하리라."

⑤ 예수님은 복음을 전하려고 세상에 오셨습니다.

예수님은 하나님의 나라 복음을 전하는 일로 보내심을 입었습니다(눅4:43-44). 그래서 예수님은 진리에 대하여 증언하려고 세상에 오셨습니다(요18:37).

눅4:43-44 "예수께서 이르시되 내가 다른 동네에서도 하나님의 나라 복음을 전하여야 하리니 나는 이 일로 보내심을 입었노라 하시고 갈릴리 여러 회당에서 전도하시더라."

요18:37 "빌라도가 이르되 그러면 네가 왕이 아니냐 예수께서 대답하시되 네 말과 같이 내가 왕이니라 내가 이를 위하여 태어났으며 이를 위하여 세상에 왔나니 곧 진리에 대하여 증언하려 함이로라 무릇 진리에 속한 자는 내 음성을 듣느니라."

세상에 오신 예수님은 복음을 전하셨습니다. 예수님은 전도하셨습니다(눅4:44). 예수님은 말하고 판단할 것이 많으나 하나님께 들은 것을 말씀하셨습니다(요8:26). 예수님은 아버지께 들은 것을 제자들이 다 알게 하셨습니다(요15:15). 예수님이 이르신 말씀은 아버지께서 그에게 말씀하신 그대로였습니다(요12:50).

눅4:44	"갈릴리 여러 회당에서 전도하시더라."
요8:26	"내가 너희에게 대하여 말하고 판단할 것이 많으나 나를 보내신 이가 참되시매 내가 그에게 들은 그것을 세상에 말하노라 하시되"
요15:15	"이제부터는 너희를 종이라 하지 아니하리니 종은 주인이 하는 것을 알지 못함이라 너희를 친구라 하였노니 내가 내 아버지께 들은 것을 다 너희에게 알게 하였음이라."
요12:50	"나는 그의 명령이 영생인 줄 아노라 그러므로 내가 이르는 것은 내 아버지께서 내게 말씀하신 그대로니라 하시니라."

예수님이 진리를 말씀하므로 유대인들은 예수님을 믿지 아니하였습니다(요8:45). 오히려 유대인들은 하나님께 들은 진리를 그들에게 말씀하신 예수님을 죽이려 하였습니다(요8:40). 하나님께 속한 자는 하나님의 말씀을 듣고 하나님께 속하지 아니한 자는 듣지 아니합니다(요8:47). 그리고 말씀을 들을 줄 알지 못하면 깨닫지 못합니다(요8:43).

요8:45	"내가 진리를 말하므로 너희가 나를 믿지 아니하는도다."
요8:40	"지금 하나님께 들은 진리를 너희에게 말한 사람인 나를 죽이려 하는도다 아브라함은 이렇게 하지 아니하였느니라."
요8:47	"하나님께 속한 자는 하나님의 말씀을 듣나니 너희가 듣지 아니함은 하나님께 속하지 아니하였음이로다."

요8:43   "어찌하여 내 말을 깨닫지 못하느냐 이는 내 말을 들을 줄
          알지 못함이로다."

예수님은 우리에게 복음을 전하라고 명하셨습니다. 성령님이 우
리에게 임하시고 권능을 받으면 땅 끝까지 이르러 예수님의 증인이
됩니다(행1:8). 우리는 예수님이 우리에게 분부한 모든 것을 가르
쳐 지키게 해야 합니다(마28:19-20). 우리는 말씀을 전파해야 합니
다(딤후4:2).

행1:8   "오직 성령이 너희에게 임하시면 너희가 권능을 받고 예루
           살렘과 온 유대와 사마리아와 땅 끝까지 이르러 내 증인
           이 되리라 하시니라."

마28:19-20 "그러므로 너희는 가서 모든 민족으로 제자를 삼아 아버지
           와 아들과 성령의 이름으로 세례를 베풀고 내가 너희에게
           분부한 모든 것을 가르쳐 지키게 하라 볼지어다 내가 세
           상 끝날까지 너희와 항상 함께 있으리라 하시니라."

딤후4:2   "너는 말씀을 전파하라 때를 얻든지 못 얻든지 항상 힘쓰
           라 범사에 오래 참음과 가르침으로 경책하며 경계하며 권
           하라."

우리는 예수님이 이 세상에 오셔서 하신 일을 알아야 합니다. 예
수님은 세상에 오셔서 하나님 아버지의 뜻을 행하셨고, 죄인을 구
원하셨고, 율법을 완전하게 하셨고, 마귀의 일을 멸하셨고, 복음을
전하셨습니다. 예수님은 세상에 오셔서 가르치시며 전파하시며 고

치시는 일(예수님의 3대 사역: teaching, preaching, healing)을 하셨습니다(마4:23). 예수님은 기도하시면서 일하셨습니다. 예수님은 성령으로 일하셨습니다.

마4:23   "예수께서 온 갈릴리에 두루 다니사 그들의 회당에서 가르치시며 천국 복음을 전파하시며 백성 중의 모든 병과 모든 약한 것을 고치시니"

우리도 예수님이 하신 일을 해야 합니다. 예수 그리스도께서 육체로 오신 것을 시인하는 영마다 하나님께 속한 것이요 육체로 오신 예수를 시인하지 아니하는 영마다 하나님께 속한 것이 아니며 적그리스도의 영입니다(요일4:2-3). 우리는 죄인을 구원하시려고 세상에 오신 예수님을 마음에 영접하고, 예수님께서 육체로 오신 것을 믿고 시인하며 전파해야 합니다. 우리는 예수님이 하신 3대 사역을 해야 합니다. 우리도 항상 기도하면서 성령으로 일해야 합니다. 예수님께서 아버지께로 가셨고 성령님이 오셨음으로 예수님을 믿는 우리는 예수님이 하신 일을 할 수 있습니다(요14:12).

요일4:2-3 "이로써 너희가 하나님의 영을 알지니 곧 예수 그리스도께서 육체로 오신 것을 시인하는 영마다 하나님께 속한 것이요 예수를 시인하지 아니하는 영마다 하나님께 속한 것이 아니니 이것이 곧 적그리스도의 영이니라 오리라 한 말을 너희가 들었거니와 지금 벌써 세상에 있느니라."

요14:12   "내가 진실로 진실로 너희에게 이르노니 나를 믿는 자는

내가 하는 일을 그도 할 것이요 또한 그보다 큰 일도 하리
니 이는 내가 아버지께로 감이라."

3. 십자가에서 죽으신 예수 그리스도의 비밀

　세상에 오신 예수님은 고난을 받으시고 십자가에 못 박혀 죽으셨
습니다.

1) 예수 그리스도께서 십자가에 죽으심은 하나님이 우리를 위하여 아들을 내주신 것입니다.

　하나님이 자기 아들을 아끼지 아니하시고 우리 모든 사람을 위하
여 내주셨습니다(롬8:32). 하나님이 독생자 예수님을 주신 것은 모
든 사람을 사랑하셔서 예수님을 믿는 자마다 영생을 얻게 하려 하
심입니다(요3:16). 하나님이 우리를 위하여 아들을 내주신 것은 우
리를 위하여 아들을 버리신 것입니다. 그래서 예수님은 십자가에
달리셨을 때 "엘리 엘리 라마 사박다니(나의 하나님, 나의 하나님,
어찌하여 나를 버리셨나이까)"라고 크게 소리 질러 말씀하셨습니
다(마27:46).

　롬8:32　　"자기 아들을 아끼지 아니하시고 우리 모든 사람을 위하여
　　　　　　내주신 이가 어찌 그 아들과 함께 모든 것을 우리에게 주
　　　　　　시지 아니하겠느냐."

　요3:16　　"하나님이 세상을 이처럼 사랑하사 독생자를 주셨으니 이

는 그를 믿는 자마다 멸망하지 않고 영생을 얻게 하려 하심이라."

마27:46　　"제구시쯤에 예수께서 크게 소리 질러 이르시되 엘리 엘리 라마 사박다니 하시니 이는 곧 나의 하나님, 나의 하나님, 어찌하여 나를 버리셨나이까 하는 뜻이라."

우리는 예수님이 십자가의 죽으심을 통해 우리를 사랑하신 하나님의 사랑을 알아야 합니다. 하나님은 우리를 사랑하셔서 우리 죄를 속하시고 우리를 구원하시기 위하여 예수님을 내주셨습니다. 우리가 하나님을 사랑한 것이 아니요 하나님이 우리를 사랑하사 우리 죄를 속하기 위하여 화목제물로 그 아들을 보내셨습니다(요일 4:10). 그리고 우리가 아직 죄인되었을 때에 그리스도께서 우리를 위하여 죽으심으로 하나님께서 우리에 대한 자기의 사랑을 확증하셨습니다(롬5:8). 하나님이 먼저 우리를 사랑하셨음으로 우리도 하나님을 사랑합니다(요일4:19). 그리고 하나님의 사랑이 성령으로 말미암아 우리 마음에 부은 바 됩니다(롬5:5).

요일4:10　　"사랑은 여기 있으니 우리가 하나님을 사랑한 것이 아니요 하나님이 우리를 사랑하사 우리 죄를 속하기 위하여 화목제물로 그 아들을 보내셨음이라."

롬5:8　　"우리가 아직 죄인 되었을 때에 그리스도께서 우리를 위하여 죽으심으로 하나님께서 우리에 대한 자기의 사랑을 확증하셨느니라."

요일4:19　　"우리가 사랑함은 그가 먼저 우리를 사랑하셨음이라."

| 롬5:5 | "소망이 우리를 부끄럽게 하지 아니함은 우리에게 주신 성령으로 말미암아 하나님의 사랑이 우리 마음에 부은 바 됨이니" |

2) 예수 그리스도께서 십자가에 죽으심은 예수님이 우리를 위하여, 우리를 대신하여 죽으신 것입니다.

예수님의 죽으심이 유대인 편에서는 유대인들이 예수님을 죽였습니다. 그래서 베드로와 사도들은 유대인들에게 "너희가 생명의 주를 나무에 매달아 죽였다"고 증언했습니다(행3:14-15, 5:30). 그러나 예수님의 죽으심이 예수님 편에서는 예수님이 우리를 위하여 죽으신 것입니다. 예수님은 목숨을 빼앗긴 것이 아니라 스스로 버리셨습니다. 예수님이 그 목숨을 버리신 것은 다시 얻기 위함이었습니다. 예수님은 버릴 권세도 있고 다시 얻을 권세도 있으셨습니다. 예수님이 목숨을 버리고 다시 얻으신 것은 하나님이 주신 계명(명령) 때문이었습니다(요10:17-18). 예수님은 죄인인 우리를 위해 죽으셨습니다(롬5:8).

| 요10:17-18 | "내가 내 목숨을 버리는 것은 그것을 내가 다시 얻기 위함이니 이로 말미암아 아버지께서 나를 사랑하시느니라 이를 내게서 빼앗는 자가 있는 것이 아니라 내가 스스로 버리노라 나는 버릴 권세도 있고 다시 얻을 권세도 있으니 이 계명은 내 아버지에게서 받았노라 하시니라." |
| 롬5:8 | "우리가 아직 죄인 되었을 때에 그리스도께서 우리를 위하여 죽으심으로 하나님께서 우리에 대한 자기의 사랑을 확 |

증하셨느니라."

예수님이 우리를 대신하여 죽으셨습니다. 예수님은 경건하지 않은 불의한 모든 사람을 위하여 대신해 죽으셨습니다(벧전3:18). 그리고 예수님이 모든 사람을 대신하여 죽으셨음으로 모든 사람이 죽은 것입니다(고후5:14). 예수님이 우리를 대신하여 죽으셨음으로 우리가 죽은 것입니다. 그리고 우리가 예수님과 함께 죽었으면 또한 함께 살 것입니다(딤후2:11). 예수님이 우리를 대신하여 죽으심은 우리로 다시는 우리 자신을 위하여 살지 않고 우리를 대신하여 죽었다가 살아나신 이를 위하여 살게 하려 함입니다(고후5:15). 그래서 내가 그리스도와 함께 십자가에 못 박혔으며 이제는 내가 사는 것이 아니요 오직 내 안에 그리스도께서 사신 것입니다(갈2:20). 그러므로 우리가 이제 육체 가운데 사는 것은 우리를 사랑하사 우리를 위하여 자기 자신을 버리신 하나님의 아들 예수 그리스도를 위하여 사는 것이어야 합니다.

벧전3:18   "그리스도께서도 한 번 죄를 위하여 죽으사 의인으로써 불의한 자를 대신하셨으니 이는 우리를 하나님 앞으로 인도하려 하심이라 육체로는 죽임을 당하시고 영으로는 살리심을 받으셨으니"

고후5:14   "그리스도의 사랑이 우리를 강권하시는도다 우리가 생각하건대 한 사람이 모든 사람을 대신하여 죽었은즉 모든 사람이 죽은 것이라."

딤후2:11	"미쁘다 이 말이여 우리가 주와 함께 죽었으면 또한 함께 살 것이요"
고후5:15	"그가 모든 사람을 대신하여 죽으심은 살아 있는 자들로 하여금 다시는 그들 자신을 위하여 살지 않고 오직 그들을 대신하여 죽었다가 다시 살아나신 이를 위하여 살게 하려 함이라."
갈2:20	"내가 그리스도와 함께 십자가에 못 박혔나니 그런즉 이제 내가 사는 것이 아니요 오직 내 안에 그리스도께서 사시는 것이라 이제 내가 육체 가운데 사는 것은 나를 사랑하사 나를 위하여 자기 자신을 버리신 하나님의 아들을 믿는 믿음 안에서 사는 것이라."

3) 예수 그리스도께서 십자가에 죽으심은 자신을 하나님께 드리신 것입니다.

예수님은 우리 죄를 담당하시려고 성령으로 자기를 희생제물로 하나님께 단번에 드리셨습니다. 예수님은 자기를 단번에 제물로 드려 죄를 없이 하려고 세상 끝에 나타나셨습니다(히9:26). 그리고 예수님은 많은 사람의 죄를 담당하시려고 단번에 드리신 바 되셨습니다(히9:28). 예수님은 우리를 위하여 자신을 버리사 향기로운 제물과 희생제물로 하나님께 드리셨습니다(엡5:2). 예수님은 우리 죄를 위하여 한 영원한 제사를 드리시고 하나님 우편에 앉으셨습니다(히10:12).

히9:26	"그리하면 그가 세상을 창조한 때부터 자주 고난을 받았어야 할 것이로되 이제 자기를 단번에 제물로 드려 죄를 없

이 하시려고 세상 끝에 나타나셨느니라."

히9:28   "이와 같이 그리스도도 많은 사람의 죄를 담당하시려고 단번에 드리신바 되셨고 구원에 이르게 하기 위하여 죄와 상관없이 자기를 바라는 자들에게 두 번째 나타나시리라."

엡5:2   "그리스도께서 너희를 사랑하신 것같이 너희도 사랑 가운데서 행하라 그는 우리를 위하여 자신을 버리사 향기로운 제물과 희생제물로 하나님께 드리셨느니라."

히10:12   "오직 그리스도는 죄를 위하여 한 영원한 제사를 드리시고 하나님 우편에 앉으사"

예수 그리스도께서 그 몸을 단번에 드리심으로 말미암아 우리가 거룩함을 얻었습니다(히10:10). 영원하신 성령으로 말미암아 흠 없는 자기를 하나님께 드린 그리스도의 피가 우리 양심을 죽은 행실에서 깨끗하게 하고 살아 계신 하나님을 섬기게 합니다(히9:14). 예수님의 피가 우리를 모든 죄에서 깨끗하게 하십니다(요일1:7). 그리고 예수님은 우리에게 지혜와 의로움과 거룩함과 구원함이 되셨습니다(고전1:30). 예수님은 우리를 피로 사서 하나님께 드리시고 우리로 하나님 앞에서 나라와 제사장으로 삼으셨습니다(계5:9-10). 그러므로 우리는 하나님이 기쁘게 받으실 신령한 제사를 드릴 거룩한 제사장이 되어야 합니다(벧전2:5).

히10:10   "이 뜻을 따라 예수 그리스도의 몸을 단번에 드리심으로 말미암아 우리가 거룩함을 얻었노라."

히9:14	"하물며 영원하신 성령으로 말미암아 흠 없는 자기를 하나님께 드린 그리스도의 피가 어찌 너희 양심을 죽은 행실에서 깨끗하게 하고 살아 계신 하나님을 섬기게 하지 못하겠느냐."
요일1:7	"그가 빛 가운데 계신 것 같이 우리도 빛 가운데 행하면 우리가 서로 사귐이 있고 그 아들 예수의 피가 우리를 모든 죄에서 깨끗하게 하실 것이요"
고전1:30	"너희는 하나님으로부터 나서 그리스도 예수 안에 있고 예수는 하나님으로부터 나와서 우리에게 지혜와 의로움과 거룩함과 구원함이 되셨으니"
계5:9-10	"그들이 새 노래를 불러 이르되 두루마리를 가지시고 그 인봉을 떼기에 합당하시도다 일찍이 죽임을 당하사 각 족속과 방언과 백성과 나라 가운데에서 사람들을 피로 사서 하나님께 드리시고 그들로 하나님 앞에서 나라와 제사장들을 삼으셨으니 그들이 땅에서 왕 노릇 하리로다 하더라."
벧전2:5	"너희도 산 돌같이 신령한 집으로 세워지고 예수 그리스도로 말미암아 하나님이 기쁘게 받으실 신령한 제사를 드릴 거룩한 제사장이 될지니라."

4) 예수 그리스도께서 십자가에 죽으신 것은 우리를 위하여 저주를 받으신 것입니다.

십자가는 본래 사형틀이었습니다. 헬라인들과 로마인들은 십자가를 사형 도구로 사용하였습니다. 이스라엘 백성은 사람이 만일 죽을 죄를 범하면 그를 죽여 나무 위에 달았습니다. 나무에 달린 자는 하나님께 저주를 받은 것이었습니다. 그래서 시체를 나무 위에 밤새도록 두지 않고 그 날에 장사해야 했습니다(신21:22-23).

예수님이 십자가에 못 박히신 것은 부끄러운 일이었습니다. 그러나 예수님은 십자가를 참으사 부끄러움을 개의치 아니하셨습니다(히12:2). 예수님이 십자가에 못 박히신 것은 아버지 하나님께 버림을 받으신 것입니다. 그래서 예수님은 십자가에서 하나님께 버림받으신 것을 탄식하셨습니다(막15:34). 예수님은 우리를 위하여 저주를 받으셔서 율법의 저주에서 우리를 속량하셨습니다(갈3:13).

신21:22-23 "사람이 만일 죽을 죄를 범하므로 네가 그를 죽여 나무 위에 달거든 그 시체를 나무 위에 밤새도록 두지 말고 그 날에 장사하여 네 하나님 여호와께서 네게 기업으로 주시는 땅을 더럽히지 말라 나무에 달린 자는 하나님께 저주를 받았음이라."

히12:2 "믿음의 주요 또 온전하게 하시는 이인 예수를 바라보자 그는 그 앞에 있는 기쁨을 위하여 십자가를 참으사 부끄러움을 개의치 아니하시더니 하나님 보좌 우편에 앉으셨느니라."

막15:34 "제구시에 예수께서 크게 소리 지르시되 엘리 엘리 라마 사박다니 하시니 이를 번역하면 나의 하나님, 나의 하나님 어찌하여 나를 버리셨나이까 하는 뜻이라."

갈3:13 "그리스도께서 우리를 위하여 저주를 받은 바 되사 율법의 저주에서 우리를 속량하셨으니 기록된 바 나무에 달린 자마다 저주 아래 있는 자라 하였음이라."

예수님이 우리를 율법의 저주에서 속량하셨습니다. 그리고 율법의 저주에서 속량을 받은 우리는 아브라함의 복을 받고 성령의 약속을 받습니다(갈3:14). 예수님이 우리를 위하여 저주를 받으셨음으로 우리는 율법의 저주에서 속량을 받아야 하고 아브라함의 복을 받고 성령의 약속을 받아야 합니다.

갈3:14   "이는 그리스도 예수 안에서 아브라함의 복이 이방인에게 미치게 하고 또 우리로 하여금 믿음으로 말미암아 성령의 약속을 받게 하려 함이라."

5) 예수 그리스도께서 십자가에 죽으심은 우리의 죄를 대속하시기 위해서입니다.

속죄(贖罪)는 '재물을 대고 죄를 면하는 일'이란 뜻으로 범죄한 자가 범죄에 대한 만족할 만한 배상이나 대가를 지불함으로써 죄에서 해방되고 구원 얻는 것을 말합니다. 그리고 대속(代贖)이란 '값을 지불하고 죄와 형벌에서 구원함'이란 뜻으로 범죄한 자가 죄에서 해방되고 구원 얻도록 대신 배상이나 대가를 지불하는 것을 말합니다. 로마제국 시대에 대속은 포로나 노예를 되돌려 받기 위하여 지불하는 대가를 의미했습니다.

예수 그리스도께서 십자가에서 죽으심으로 많은 사람의 대속물이 되셨으며 속죄 사역은 완성되었습니다. 예수 그리스도의 죽음은 인류를 위한 대속적 죽음이며 그리스도의 십자가는 대속을 의미합니다.

예수님이 우리를 위하여 자기를 대속물로 주셨습니다. 예수님께서 이 세상에 오신 것은 자기 목숨을 많은 사람의 대속물로 주려 하심이었습니다(마20:28). 예수님은 모든 사람을 위하여 자기를 대속물로 주셨습니다(딤전2:6). 예수님은 하나님 아버지의 뜻을 따라 이 악한 세대에서 우리를 건지시려고 우리 죄를 대속하기 위하여 자기 몸을 주셨습니다(갈1:4). 그리고 우리가 헛된 행실(죄악)에서 대속함을 받은 것은 오직 흠 없고 점 없는 어린 양 같은 그리스도의 보배로운 피로 된 것입니다(벧전1:18-19).

마20:28 "인자가 온 것은 섬김을 받으려 함이 아니라 도리어 섬기려 하고 자기 목숨을 많은 사람의 대속물로 주려 함이니라."

딤전2:6 "그가 모든 사람을 위하여 자기를 대속물로 주셨으니 기약이 이르러 주신 증거니라."

갈1:4 "그리스도께서 하나님 곧 우리 아버지의 뜻을 따라 이 악한 세대에서 우리를 건지시려고 우리 죄를 대속하기 위하여 자기 몸을 주셨으니"

벧전1:18-19 "너희가 알거니와 너희 조상이 물려 준 헛된 행실에서 대속함을 받은 것은 은이나 금같이 없어질 것으로 된 것이 아니요 오직 흠 없고 점 없는 어린 양 같은 그리스도의 보배로운 피로 된 것이니라."

하나님이 예수님을 우리를 대신하여 속죄 제물로 삼으셨습니다. 하나님은 우리로 하여금 그리스도 안에서 의가 되게 하시려고 죄를 알지도 못한 그리스도를 우리를 대신하여 죄로 삼으셨습니다(고후 5:21). 하나님은 우리 무리의 죄를 예수님에게 담당시키셨습니다(사53:6). 그리고 그리스도는 성경대로 우리 죄를 위하여 죽으셨습니다(고전15:3).

고후5:21	"하나님이 죄를 알지도 못하신 이를 우리를 대신하여 죄로 삼으신 것은 우리로 하여금 그 안에서 하나님의 의가 되게 하려 하심이라."
사53:6	"우리는 다 양 같아서 그릇 행하여 각기 제 길로 갔거늘 여호와께서는 우리 모두의 죄악을 그에게 담당시키셨도다."
고전15:3	"내가 받은 것을 먼저 너희에게 전하였노니 이는 성경대로 그리스도께서 우리 죄를 위하여 죽으시고"

예수님은 죄에 대하여 죽으신 것입니다. 예수님이 죽으심은 죄에 대하여 단번에 죽으심이요 그가 살아 계심은 하나님께 대하여 살아 계심입니다(롬6:10).

롬6:10	"그가 죽으심은 죄에 대하여 단번에 죽으심이요 그가 살아 계심은 하나님께 대하여 살아 계심이니"

우리도 자신을 죄에 대하여는 죽은 자요 그리스도 예수 안에서 하나님께 대하여는 살아 있는 자로 여겨야 합니다(롬6:11). 예수님이 우리로 죄에 대하여 죽고 의에 대하여 살게 하려고 친히 나무에

달려 그 몸으로 우리 죄를 담당하셨습니다(벧전2:24). 그리스도 예수의 사람들은 육체와 함께 그 정욕과 탐심을 십자가에 못 박았습니다(갈5:24). 우리 옛 사람이 예수와 함께 십자가에 못 박힌 것은 죄의 몸이 죽어 다시는 우리가 죄에게 종노릇 하지 아니하려 함입니다(롬6:6). 죄에 대하여 죽은 우리가 죄 가운데 더 살 수 없습니다(롬6:2). 그러므로 우리는 우리 지체를 불의의 무기로 죄에게 내주지 말고 오직 우리 자신을 죽은 자 가운데서 다시 살아난 자 같이 하나님께 드리며 우리 지체를 의의 무기로 하나님께 드려야 합니다(롬6:13).

롬6:11	"이와 같이 너희도 너희 자신을 죄에 대하여는 죽은 자요 그리스도 예수 안에서 하나님께 대하여는 살아 있는 자로 여길지어다."
벧전2:24	"친히 나무에 달려 그 몸으로 우리 죄를 담당하셨으니 이는 우리로 죄에 대하여 죽고 의에 대하여 살게 하려 하심이라 그가 채찍에 맞음으로 나음을 얻었나니"
갈5:24	"그리스도 예수의 사람들은 육체와 함께 그 정욕과 탐심을 십자가에 못 박았느니라."
롬6:6	"우리가 알거니와 우리의 옛 사람이 예수와 함께 십자가에 못 박힌 것은 죄의 몸이 죽어 다시는 우리가 죄에게 종 노릇 하지 아니하려 함이니"
롬6:2	"그럴 수 없느니라 죄에 대하여 죽은 우리가 어찌 그 가운데 더 살리요"
롬6:13	"또한 너희 지체를 불의의 무기로 죄에게 내주지 말고 오

직 너희 자신을 죽은 자 가운데서 다시 살아난 자 같이 하나님께 드리며 너희 지체를 의의 무기로 하나님께 드리라."

6) 예수 그리스도께서 십자가에 죽으심은 승리를 의미합니다.

하나님은 범죄와 육체의 무할례로 죽었던 우리를 그리스도와 함께 살리시고, 우리의 모든 죄를 사하시고, 우리를 거스르고 불리하게 하는 법조문으로 쓴 증서(율법)를 지우시고 제하여 버리사 십자가에 못 박으셨습니다. 통치자들과 권세들을 무력화하여 드러내어 구경거리로 삼으시고 십자가로 그들을 이기셨습니다(골2:13-15). 예수님은 만주의 주시오 만왕의 왕이시므로 대적하는 자들을 이기십니다(계17:14). 예수님은 마귀의 일을 멸하려고 나타나셨습니다(요일3:8). 예수님이 사람들과 같은 모양으로 혈과 육을 함께 지니심은 죽음을 통하여 죽음의 세력을 잡은 자 곧 마귀를 멸하시며 또 죽기를 무서워하므로 종노릇 하는 모든 자들을 놓아주려 하심이었습니다(히2:14-15). 예수님은 죽음을 통하여 마귀를 멸하셨으며 마귀의 종노릇 하는 모든 자들을 놓아주셨습니다. 또한 예수님은 세상을 이기셨습니다(요16:33).

골2:13-15 "또 범죄와 육체의 무할례로 죽었던 너희를 하나님이 그와 함께 살리시고 우리의 모든 죄를 사하시고 우리를 거스르고 불리하게 하는 법조문으로 쓴 증서를 지우시고 제하여 버리사 십자가에 못 박으시고 통치자들과 권세들을 무력화하여 드러내어 구경거리로 삼으시고 십자가로 그들을 이기셨느니라."

계17:14 　　"그들이 어린 양과 더불어 싸우려니와 어린 양은 만주의 주시오 만왕의 왕이시므로 그들을 이기실 터이요 또 그와 함께 있는 자들 곧 부르심을 받고 택하심을 받은 진실한 자들도 이기리로다."

요일3:8 　　"죄를 짓는 자는 마귀에게 속하나니 마귀는 처음부터 범죄 함이라 하나님의 아들이 나타나신 것은 마귀의 일을 멸하려 하심이라."

히2:14-15 　　"자녀들은 혈과 육에 속하였으매 그도 또한 같은 모양으로 혈과 육을 함께 지니심은 죽음을 통하여 죽음의 세력을 잡은 자 곧 마귀를 멸하시며 또 죽기를 무서워하므로 한 평생 매여 종 노릇하는 모든 자들을 놓아 주려 하심이니"

요16:33 　　"이것을 너희에게 이르는 것은 너희로 내 안에서 평안을 누리게 하려 함이라 세상에서는 너희가 환난을 당하나 담대하라 내가 세상을 이기었노라."

　　하나님이 예수 그리스도로 말미암아 우리에게 승리를 주십니다. 위대하심과 권능과 영광과 승리와 위엄이 다 하나님께 속하였습니다(대상29:11). 이김은 하나님께 있습니다(잠21:31). 하나님은 항상 우리를 그리스도 예수 안에서 이기게 하십니다(고후2:14). 우리는 모든 일에 우리를 사랑하시는 예수 그리스도로 말미암아 넉넉히 이깁니다(롬8:37). 그리고 우리는 세상을 이깁니다. 세상을 이기는 승리는 우리의 믿음입니다(요일5:4). 예수님께서 하나님의 아들이심을 믿는 자는 세상을 이깁니다(요일5:5). 또한 우리는 악한 자 마귀를 이깁니다. 우리는 주 안에서 강하고 하나님의 말씀이 우리 안에 거하시며 흉악한 자를 이깁니다(요일2:14). 그러므로 우리는 악에게 지지 말고 선으로 악을 이겨야 합니다(롬12:21).

대상29:11 "여호와여 위대하심과 권능과 영광과 승리와 위엄이 다 주께 속하였사오니 천지에 있는 것이 다 주의 것이로소이다 여호와여 주권도 주께 속하였사오니 주는 높으사 만물의 머리이심이니이다."

잠21:31 "싸울 날을 위하여 예비하였거니와 이김은 여호와께 있느니라."

고후2:14 "항상 우리를 그리스도 안에서 이기게 하시고 우리로 말미암아 각처에서 그리스도를 아는 냄새를 나타내시는 하나님께 감사하노라."

롬8:37 "그러나 이 모든 일에 우리를 사랑하시는 이로 말미암아 우리가 넉넉히 이기느니라."

요일5:4 "무릇 하나님께로부터 난 자마다 세상을 이기느니라 세상을 이기는 승리는 이것이니 우리의 믿음이니라."

요일5:5 "예수께서 하나님의 아들이심을 믿는 자가 아니면 세상을 이기는 자가 누구냐."

요일2:14 "아이들아 내가 너희에게 쓴 것은 너희가 아버지를 알았음이요 아비들아 내가 너희에게 쓴 것은 너희가 태초부터 계신 이를 알았음이요 청년들아 내가 너희에게 쓴 것은 너희가 강하고 하나님의 말씀이 너희 안에 거하시며 너희가 흉악한 자를 이기었음이라."

롬12:21 "악에게 지지 말고 선으로 악을 이기라."

예수님께서 십자가에 죽으심으로 십자가는 기독교의 상징이며 사랑과 죄 용서의 상징이 되었습니다. 예수님께서 지신 십자가가 없었다면 우리에게는 부활도 없고 구원도 없을 것입니다. 십자가의 도가 멸망하는 자들에게는 미련한 것이지만 구원을 받는 우리에게는 하나님의 능력입니다(고전1:18). 그리스도의 십자가는 우리의 자랑이요 기쁨입니다. 이는 예수 그리스도의 십자가가 우리를 구속하여 준 구원의 십자가이고, 사탄에게서 해방을 가져다 준 승리의 십자가이기 때문입니다. 그래서 사도 바울은 예수 그리스도와 그가 십자가에 못 박히신 것만 알기로 작정하였습니다(고전2:2). 사도 바울에게는 주 예수 그리스도의 십자가 외에는 자랑할 것이 없었습니다(갈6:14). 우리도 예수 그리스도와 그가 십자가에 못 박히신 것을 알아야 하고 예수 그리스도의 십자가를 자랑해야 합니다.

고전1:18   "십자가의 도가 멸망하는 자들에게는 미련한 것이요 구원을 받는 우리에게는 하나님의 능력이라."

고전2:2   "내가 너희 중에서 예수 그리스도와 그가 십자가에 못 박히신 것 외에는 아무것도 알지 아니하기로 작정하였음이라."

갈6:14   "그러나 내게는 우리 주 예수 그리스도의 십자가 외에 결코 자랑할 것이 없으니 그리스도로 말미암아 세상이 나를 대하여 십자가에 못 박히고 내가 또한 세상을 대하여 그러하니라."

우리는 예수님의 죽으심을 알고 기념해야 합니다. 그리고 우리는 예수님께서 다시 오실 때까지 예수님의 죽으심을 전해야 합니다. 우리가 그리스도 예수의 죽으심과 합하여 세례를 받음으로 그와 함께 장사되었습니다(롬6:4). 또한 우리가 성찬예식에 참여함으로 예수님의 몸과 피에 참여합니다. 우리가 성찬예식에서 떼는 떡은 그리스도의 몸에 참여하는 것이며 축복의 잔은 그리스도의 피에 참여하는 것입니다(고전10:16). 그리고 우리가 떡을 먹고 잔을 마시는 것은 예수님을 기념하는 것이며 주의 죽으심을 전하는 것입니다(고전11:24-26).

롬6:4   "그러므로 우리가 그의 죽으심과 합하여 세례를 받음으로 그와 함께 장사되었나니 이는 아버지의 영광으로 말미암아 그리스도를 죽은 자 가운데서 살리심과 같이 우리로 또한 새 생명 가운데서 행하게 하려 함이라."

고전10:16   "우리가 축복하는 바 축복의 잔은 그리스도의 피에 참여함이 아니며 우리가 떼는 떡은 그리스도의 몸에 참여함이 아니냐."

고전11:24-26 "축사하시고 떼어 이르시되 이것은 너희를 위하는 내 몸이니 이것을 행하여 나를 기념하라 하시고 식후에 또한 그와 같이 잔을 가지시고 이르시되 이 잔은 내 피로 세운 새 언약이니 이것을 행하여 마실 때마다 나를 기념하라 하셨으니 너희가 이 떡을 먹으며 이 잔을 마실 때마다 주의 죽으심을 그가 오실 때까지 전하는 것이니라."

7) 예수님은 무엇 때문에 십자가에 죽으셨을까요?

예수님은 우리를 위하여, 우리를 대신하여 십자가에 못 박혀 죽으셨습니다. 예수님은 우리에게 무엇을 하시려고 우리를 위하여, 우리를 대신하여 십자가에 죽으셨을까요?

① 예수님은 우리를 모든 불법에서 속량하시고 깨끗하게 하려고 죽으셨습니다.

하나님이 예수님을 보내사 여자에게서 나게 하시고 율법 아래에 나게 하신 것은 율법 아래에 있는 자들을 속량하려 하심이었습니다(갈4:4-5). 그래서 예수님은 하나님의 일에 자비하고 신실한 대제사장이 되어 백성의 죄를 속량하려고 범사에 형제들과 같이 되셨습니다(히2:17). 그리고 예수님은 우리를 모든 불법에서 속량하시고 깨끗하게 하사 선한 일을 열심히 하는 자기 백성이 되게 하려고 우리를 대신하여 죽으셨습니다(딛2:14). 예수님은 새 언약(복음)의 중보자로 첫 언약(율법) 때에 범한 죄에서 우리를 속량하려고 죽으셨습니다(히9:15). 그리고 예수님은 우리를 위하여 십자가에서 저주를 받은 바 되셔서 율법의 저주에서 우리를 속량하셨습니다(갈3:13). 또한 예수님은 이 악한 세대에서 우리를 건지시려고 우리 죄를 대속하기 위하여 죽으셨습니다(갈1:4).

갈4:4-5 "때가 차매 하나님이 그 아들을 보내사 여자에게서 나게 하시고 율법 아래에 나게 하신 것은 율법 아래에 있는 자들을 속량하시고 우리로 아들의 명분을 얻게 하려 하심이라."

히2:17   "그러므로 그가 범사에 형제들과 같이 되심이 마땅하도다 이는 하나님의 일에 자비하고 신실한 대제사장이 되어 백성의 죄를 속량하려 하심이라."

딛2:14   "그가 우리를 대신하여 자신을 주심은 모든 불법에서 우리를 속량하시고 우리를 깨끗하게 하사 선한 일을 열심히 하는 자기 백성이 되게 하려 하심이라."

히9:15   "이로 말미암아 그는 새 언약의 중보자시니 이는 첫 언약 때에 범한 죄에서 속량하려고 죽으사 부르심을 입은 자로 하여금 영원한 기업의 약속을 얻게 하려 하심이라."

갈3:13   "그리스도께서 우리를 위하여 저주를 받은 바 되사 율법의 저주에서 우리를 속량하셨으니 기록된 바 나무에 달린 자마다 저주 아래에 있는 자라 하였음이라."

갈1:4   "그리스도께서 하나님 곧 우리 아버지의 뜻을 따라 이 악한 세대에서 우리를 건지시려고 우리 죄를 대속하기 위하여 자기 몸을 주셨으니"

우리는 예수 그리스도의 피로 말미암아 속량 곧 죄 사함을 받았습니다. 속량(贖良)은 '몸값을 받고 석방하다'는 뜻입니다. 우리는 그리스도 예수 안에서 그의 은혜의 풍성함을 따라 그의 피로 말미암아 속량 곧 죄 사함을 받았습니다(엡1:7). 그리고 우리는 그리스도 예수 안에 있는 속량으로 말미암아 하나님의 은혜로 값없이 의롭다 하심을 얻은 자가 되었습니다(롬3:24). 하나님은 예수님의 육체의 죽음으로 말미암아 화목하게 하셔서 우리를 거룩하고 흠 없고 책망할 것이 없는 자로 그 앞에 세우고자 하셨습니다(골1:22). 우리가 빛 가운데 행하면 예수님의 피가 우리를 모든 죄에서 깨끗하게 하십니다(요일1:7).

엡1:7	"우리는 그리스도 안에서 그의 은혜의 풍성함을 따라 그의 피로 말미암아 속량 곧 죄 사함을 받았느니라."
롬3:24	"그리스도 예수 안에 있는 속량으로 말미암아 하나님의 은혜로 값없이 의롭다 하심을 얻은 자 되었느니라."
골1:22	"이제는 그의 육체의 죽음으로 말미암아 화목하게 하사 너희를 거룩하고 흠 없고 책망할 것이 없는 자로 그 앞에 세우고자 하셨으니"
요일1:7	"그가 빛 가운데 계신 것 같이 우리도 빛 가운데 행하면 우리가 서로 사귐이 있고 그 아들 예수의 피가 우리를 모든 죄에서 깨끗하게 하실 것이요."

② 예수님은 우리를 선한 일을 열심히 하는 하나님의 백성이 되게 하려고 죽으셨습니다.

예수님은 우리를 모든 불법에서 속량하시고 우리를 깨끗하게 하사 선한 일을 열심히 하는 하나님의 백성이 되게 하려고 우리를 대신하여 죽으셨습니다(딛2:14). 우리는 그리스도 예수 안에서 선한 일을 위하여 지으심을 받은 자들입니다(엡2:10).

딛2:14	"그가 우리를 대신하여 자신을 주심은 모든 불법에서 우리를 속량하시고 우리를 깨끗하게 하사 선한 일을 열심히

하는 자기 백성이 되게 하려 하심이라."

엡2:10   "우리는 그가 만드신 바라 그리스도 예수 안에서 선한 일
         을 위하여 지으심을 받은 자니 이 일은 하나님이 전에 예
         비하사 우리로 그 가운데서 행하게 하려 하심이니라."

우리는 선한 일을 열심히 해야 합니다. 우리는 악한 것을 본받지
말고 선한 것을 본받아야 합니다(요삼1:11). 선을 행하는 자는 하나
님께 속하고 악을 행하는 자는 하나님을 뵈옵지 못하였습니다. 선
을 행하는 사람에게는 영광과 존귀와 평강이 있고, 악을 행하는 사
람의 영에는 환난과 곤고가 있습니다(롬2:9-10). 그리고 선한 일을
행한 자는 생명의 부활을 하고 악한 일을 행한 자는 심판의 부활을
할 것입니다(요5:29).

요삼1:11   "사랑하는 자여 악한 것을 본받지 말고 선한 것을 본받으
         라 선을 행하는 자는 하나님께 속하고 악을 행하는 자는
         하나님을 뵈옵지 못하였느니라"

롬2:9-10   "악을 행하는 각 사람의 영에는 환난과 곤고가 있으리니
         먼저는 유대인에게요 그리고 헬라인에게며 선을 행하는
         각 사람에게는 영광과 존귀와 평강이 있으리니 먼저는 유
         대인에게요 그리고 헬라인에게라."

요5:29   "선한 일을 행한 자는 생명의 부활로, 악한 일을 행한 자는
         심판의 부활로 나오리라."

③ 예수님은 우리(죽은 자와 산 자)의 주가 되려고 죽으셨습니다.

예수님은 우리의 주가 되시려고 죽었다가 다시 살아나셨습니다
(롬14:9). 우리를 위하여 죽었다가 살아나신 예수님은 우리의 주
가 되십니다. 주(主)는 '임금(king), 임자(owner)'를 의미합니다. 하
나님이 십자가에 죽은 예수님을 우리의 주가 되게 하셨습니다(행
2:36). 유대인들이 나무에 달아 죽인 예수님을 하나님이 살리시고
회개함과 죄 사함을 주시려고 그를 오른손으로 높이사 임금과 구
주로 삼으셨습니다(행5:30-31). 그리고 하나님은 모든 입으로 예
수 그리스도를 주라 시인하여 하나님 아버지께 영광을 돌리게 하
셨습니다(빌2:11). 예수님은 만주의 주시오 만왕의 왕이십니다(계
17:14). 예수님은 만왕의 왕이요 만주의 주로 재림하실 것입니다
(계19:16). 한 분이신 주께서 모든 사람의 주가 되사 그를 부르는
모든 사람을 부요하게 하십니다(롬10:11-12).

롬14:9	"이를 위하여 그리스도께서 죽었다가 다시 살아나셨으니 곧 죽은 자와 산 자의 주가 되려 하심이라."
행2:36	"그런즉 이스라엘 온 집은 확실히 알지니 너희가 십자가에 못박은 이 예수를 하나님이 주와 그리스도가 되게 하셨느니라."
행5:30-31	"너희가 나무에 달아 죽인 예수를 우리 조상의 하나님이 살리시고 이스라엘에게 회개함과 죄 사함을 주시려고 그를 오른손으로 높이사 임금과 구주로 삼으셨느니라."
빌2:11	"모든 입으로 예수 그리스도를 주라 시인하여 하나님 아버지께 영광을 돌리게 하셨느니라."

계17:14   "그들이 어린 양과 더불어 싸우려니와 어린 양은 만주의
         주시오 만왕의 왕이시므로 그들을 이기실 터이요 또 그와
         함께 있는 자들 곧 부르심을 받고 택하심을 받은 진실한
         자들도 이기리로다."

계19:16   "그 옷과 다리에 이름을 쓴 것이 있으니 만왕의 왕이요 만
         주의 주라 하였더라."

롬10:11-12 "성경에 이르되 누구든지 그를 믿는 자는 부끄러움을 당하
         지 아니하리라 하니 유대인이나 헬라인이나 차별이 없음
         이라 한 분이신 주께서 모든 사람의 주가 되사 그를 부르
         는 모든 사람에게 부요하시도다."

　　우리는 예수님을 주로 삼아야 합니다. 우리는 우리 마음에 그리
스도를 주로 삼아 거룩하게 해야 합니다(벧전3:15). 그리스도를 주
로 삼은 우리는 주 그리스도를 섬깁니다(골3:24). 그런데 누구든지
성령으로 아니하고는 예수님을 주시라 할 수 없습니다(고전12:3).
다윗은 성령에 감동되어 그리스도를 주라 불렀습니다(마22:43). 예
수 그리스도를 주로 받은 우리는 그 안에서 행해야 합니다(골2:6).
그리고 주의 이름을 부르는 우리는 불의에서 떠나야 합니다(딤후
2:19). 또한 예수님을 주라 부르는 우리는 하늘에 계신 하나님 아버
지의 뜻대로 행해야 합니다(마7:21). 그리고 예수님을 주라 부르는
우리는 예수님이 말씀하신 것을 행해야 합니다(눅6:46). 뿐만 아니
라 우리는 어느 날에 우리의 주이신 예수님이 임하실는지 알지 못
함으로 항상 깨어 있어야 합니다(마24:42).

벧전3:15	"너희 마음에 그리스도를 주로 삼아 거룩하게 하고 너희 속에 있는 소망에 관한 이유를 묻는 자에게는 대답할 것을 항상 준비하되 온유와 두려움으로 하고"
골3:24	"이는 기업의 상을 주께 받을 줄 아나니 너희는 주 그리스도를 섬기느니라."
고전12:3	"그러므로 내가 너희에게 알리노니 하나님의 영으로 말하는 자는 누구든지 예수를 저주할 자라 하지 아니하고 또 성령으로 아니하고는 누구든지 예수를 주시라 할 수 없느니라."
마22:43	"이르시되 그러면 다윗이 성령에 감동되어 어찌 그리스도를 주라 칭하여 말하되"
골2:6	"그러므로 너희가 그리스도 예수를 주로 받았으니 그 안에서 행하되"
딤후2:19	"그러나 하나님의 견고한 터는 섰으니 인침이 있어 일렀으되 주께서 자기 백성을 아신다 하며 또 주의 이름을 부르는 자마다 불의에서 떠날지어다 하였느니라."
마7:21	"나더러 주여 주여 하는 자마다 다 천국에 들어갈 것이 아니요 다만 하늘에 계신 내 아버지의 뜻대로 행하는 자라야 들어가리라."
눅6:46	"너희는 나를 불러 주여 주여 하면서도 어찌하여 내가 말하는 것을 행하지 아니하느냐."
마24:42	"그러므로 깨어 있으라 어느 날에 너희 주가 임할지 너희가 알지 못함이니라."

④ 예수님은 우리로 예수님을 위하여 살도록 하기 위해 죽으셨습니다.

예수님은 우리가 예수님을 위하여 살도록 하기 위해 죽으셨습니다(고후5:15). 예수님은 우리가 깨든지 자든지 예수님과 함께 살게 하려고 죽으셨습니다(살전5:10). 그리스도께서 이미 육체의 고난을 받으심으로 죄를 그치셔서 우리로 사람의 정욕을 따르지 않고 하나님의 뜻을 따라 육체의 남은 때를 살게 하십니다(벧전4:1-2).

고후5:15   "저가 모든 사람을 대신하여 죽으심은 산 자들로 하여금 다시는 저희를 위하여 살지 않고 오직 저희를 대신하여 죽었다가 다시 사신 자를 위하여 살게 하려 함이니라."

살전5:10   "예수께서 우리를 위하여 죽으사 우리로 하여금 깨어 있든지 자든지 자기와 함께 살게 하려 하셨느니라."

벧전4:1-2   "그리스도께서 이미 육체의 고난을 받으셨으니 너희도 같은 마음으로 갑옷을 삼으라 이는 육체의 고난을 받은 자는 죄를 그쳤음이니 그 후로는 다시 사람의 정욕을 따르지 않고 하나님의 뜻을 따라 육체의 남은 때를 살게 하려 함이라."

우리는 예수님과 함께, 예수님을 위해 살아야 합니다. 그리스도인은 자기를 위하여 사는 자가 없고 자기를 위하여 죽는 자도 없습니다. 그리스도인은 주의 것이며 살아도 주를 위하여 살고 죽어도 주를 위하여 죽습니다(롬14:7-8). 그러므로 예수님이 살아 계신 아버지로 말미암아 사신 것 같이 예수님을 먹는 우리도 예수님으로 말미암아 삽니다(요6:57). 그리스도와 함께 십자가에 못 박힌 우리는 이제 내가 산 것이 아니요 오직 내 안에 그리스도께서 사신 것입니다. 그리고 우리가 육체 가운데 사는 것은 나를 사랑하사 나를 위하여 자기 자신을 버리신 하나님의 아들을 믿는 믿음 안에서 사는 것입니다(갈2:20).

롬14:7-8   "우리 중에 누구든지 자기를 위하여 사는 자가 없고 자기를 위하여 죽는 자도 없도다 우리가 살아도 주를 위하여 살고 죽어도 주를 위하여 죽나니 그런즉 사나 죽으나 우리가 주의 것이로다."

요6:57   "살아 계신 아버지께서 나를 보내시매 내가 아버지로 말미암아 사는 것 같이 나를 먹는 그 사람도 나로 말미암아 살리라."

갈2:20   "내가 그리스도와 함께 십자가에 못 박혔나니 그런즉 이제는 내가 산 것이 아니요 오직 내 안에 그리스도께서 사시는 것이라 이제 내가 육체 가운데 사는 것은 나를 사랑하사 나를 위하여 자기 자신을 버리신 하나님의 아들을 믿는 믿음 안에서 사는 것이라."

⑤ 예수님은 우리로 복을 받고 성령의 약속을 받게 하려고 죽으셨습니다.

예수님은 새 언약(복음)의 중보자로 첫 언약(율법) 때에 범한 죄에서 우리를 속량하시려고 죽으셨고 부르심을 입은 자로 하여금 영원한 기업의 약속을 얻게 하셨습니다(히9:15). 예수님은 우리로 복을 받고 성령의 약속을 받게 하려고 죽으셨습니다(갈3:13-14).

히9:15   "이로 말미암아 그는 새 언약의 중보자시니 이는 첫 언약
         때에 범한 죄에서 속량하시려고 죽으사 부르심을 입은 자
         로 하여금 영원한 기업의 약속을 얻게 하려 하심이라."

갈3:13-14 "그리스도께서 우리를 위하여 저주를 받은 바 되사 율법의
         저주에서 우리를 속량하셨으니 기록된 바 나무에 달린 자
         마다 저주 아래 있는 자라 하였음이라 이는 그리스도 예
         수 안에서 아브라함의 복이 미치게 하고 또 우리로 하여
         금 믿음으로 말미암아 성령의 약속을 받게 하려 함이라."

하나님께서 예수 그리스도로 말미암아 우리에게 복을 주십니다.
하나님이 그 종(예수 그리스도)을 세워 복 주시려고 우리로 하여금
돌이켜 각각 그 악함을 버리게 하셨습니다(행3:26). 하나님께서 그
리스도 안에서 하늘에 속한 모든 신령한 복을 우리에게 주십니다
(엡1:3). 그래서 믿음으로 말미암은 자는 믿음이 있는 아브라함과
함께 복을 받습니다(갈3:9).

행3:26   "하나님이 그 종을 세워 복 주시려고 너희에게 먼저 보내
         사 너희로 하여금 돌이켜 각각 그 악함을 버리게 하셨느
         니라."

엡1:3   "찬송하리로다 하나님 곧 우리 주 예수 그리스도의 아버지
         께서 그리스도 안에서 하늘에 속한 모든 신령한 복을 우
         리에게 주시되"

갈3:9   "그러므로 믿음으로 말미암은 자는 믿음이 있는 아브라함
         과 함께 복을 받느니라."

예수님의 십자가의 죽으심은 우리에게 구원이요(고전1:18), 치유요(마8:16-17), 거룩함이요(히10:10), 사랑이요(롬5:8), 화목(화평)이요(롬5:10, 엡2:14), 순종(복종)이요(빌2:8), 승리입니다(골2:15). 우리는 십자가에 죽으신 그리스도의 비밀을 깨달아 구원을 받고, 치유를 받으며, 거룩하고, 사랑하며, 화평하고, 순복하며, 승리하는 삶을 살아야 합니다. 그렇지 않으면 그리스도의 십자가의 원수가 되는 것입니다. 여러 사람들이 그리스도의 십자가의 원수로 행합니다(빌3:18).

고전1:18   "십자가의 도가 멸망하는 자들에게는 미련한 것이요 구원을 받는 우리에게는 하나님의 능력이라."

마8:16-17   "저물매 사람들이 귀신 들린 자를 많이 데리고 예수께 오거늘 예수께서 말씀으로 귀신들을 쫓아내시고 병든 자들을 다 고치시니 이는 선지자 이사야를 통하여 하신 말씀에 우리의 연약한 것을 친히 담당하시고 병을 짊어지셨도다 함을 이루려 하심이더라."

히10:10   "이 뜻을 따라 예수 그리스도의 몸을 단번에 드리심으로 말미암아 우리가 거룩함을 얻었노라."

롬5:8   "우리가 아직 죄인 되었을 때에 그리스도께서 우리를 위하여 죽으심으로 하나님께서 우리에 대한 자기의 사랑을 확증하셨느니라."

롬5:10   "곧 우리가 원수 되었을 때에 그의 아들의 죽으심으로 말미암아 하나님과 화목하게 되었은즉 화목하게 된 자로서는 더욱 그의 살아나심으로 말미암아 구원을 받을 것이니라."

엡2:14	"그는 우리의 화평이신지라 둘로 하나를 만드사 원수 된 것 곧 중간에 막힌 담을 자기 육체로 허시고"
빌2:8	"사람의 모양으로 나타나사 자기를 낮추시고 죽기까지 복종하셨으니 곧 십자가에 죽으심이라."
골2:15	"통치자들과 권세들을 무력화하여 드러내어 구경거리로 삼으시고 십자가로 그들을 이기셨느니라."
빌3:18	"내가 여러 번 너희에게 말하였거니와 이제도 눈물을 흘리며 말하노니 여러 사람들이 그리스도의 십자가의 원수로 행하느니라."

예수 그리스도께서 십자가에 못 박히신 것이 우리 눈앞에 밝히 보여야 합니다(갈3:1). 우리는 예수님이 우리 죄를 위하여 죽으시고 우리의 의롭다 하심을 위하여 살아나신 것을 믿어야 합니다(롬4:25). 그리고 우리는 예수님이 십자가로 승리하셨음을 알아야 합니다(골2:15). 또한 우리는 그리스도와 함께 십자가에 못 박혀야 합니다(갈2:20). 우리의 옛 사람이 예수와 함께 십자가에 못 박혔습니다(롬6:6). 그리스도 예수의 사람들은 육체와 함께 그 정욕과 탐심을 십자가에 못 박았습니다(갈5:24). 세상이 나에 대하여 십자가에 못 박히고 내가 또한 세상에 대하여 못 박혔습니다(갈6:14).

| 갈3:1 | "어리석도다 갈라디아 사람들아 예수 그리스도께서 십자가에 못박히신 것이 너희 눈앞에 밝히 보이거늘 누가 너희를 꾀더냐." |
| 롬4:25 | "예수는 우리가 범죄한 것 때문에 내줌이 되고 또한 우리 |

를 의롭다 하시기 위하여 살아나셨느니라."

골2:15   "통치자들과 권세들을 무력화하여 드러내어 구경거리로 삼으시고 십자가로 그들을 이기셨느니라."

갈2:20   "내가 그리스도와 함께 십자가에 못 박혔나니 그런즉 이제 는 내가 사는 것이 아니요 오직 내 안에 그리스도께서 사 시는 것이라 이제 내가 육체 가운데 사는 것은 나를 사랑 하사 나를 위하여 자신을 버리신 하나님의 아들을 믿는 믿음 안에서 사는 것이라."

롬6:6   "우리가 알거니와 우리의 옛 사람이 예수와 함께 십자가에 못 박힌 것은 죄의 몸이 죽어 다시는 우리가 죄에게 종 노 릇 하지 아니하려 함이니"

갈5:24   "그리스도 예수의 사람들은 육체와 함께 그 정욕과 탐심을 십자가에 못 박았느니라."

갈6:14   "그러나 내게는 우리 주 예수 그리스도의 십자가 외에 결 코 자랑할 것이 없으니 그리스도로 말미암아 세상이 나를 대하여 십자가에 못 박히고 내가 또한 세상을 대하여 그 러하니라."

우리는 십자가에 죽으신 예수 그리스도를 전해야 합니다(고전 1:23, 고전11:26). 우리는 예수 그리스도의 십자가를 자랑해야 합니 다(갈6:14). 그리고 우리는 예수님을 주로 섬기며 예수님을 위하여 살아야 합니다.

고전1:23   "우리는 십자가에 못 박힌 그리스도를 전하니 유대인에게 는 거리끼는 것이요 이방인에게는 미련한 것이로되"

고전11:26 “너희가 이 떡을 먹으며 이 잔을 마실 때마다 주의 죽으심을 그가 오실 때까지 전하는 것이니라.”

갈6:14 “그러나 내게는 우리 주 예수 그리스도의 십자가 외에 결코 자랑할 것이 없으니 그리스도로 말미암아 세상이 나를 대하여 십자가에 못 박히고 내가 또한 세상을 대하여 그러하니라.”

4. 부활하시고 승천하셔서 하나님 우편에 계신 예수 그리스도의 비밀

이 세상에 오신 예수님은 성경대로(선지자들이 증언한 대로) 우리 죄를 위하여 죽으시고 장사 지낸 바 되셨다가 성경대로 사흘 만에 다시 살아나셨습니다(고전15:3-4). 예수님이 부활하신 것은 하나님께서 예수님을 죽은 자 가운데서 살리신 것입니다(행3:15).

부활하신 예수님은 사십 일 동안 제자들에게 보이시며 하나님 나라의 일을 말씀하셨습니다(행1:3). 그리고 예수님은 그의 택하신 사도들에게 성령으로 명하시고 저희 보는 데서 올리워 가셨습니다(행1:2, 1:9). 예수님은 하나님 아버지께로 올라가셔서 하나님 우편에 앉으셨습니다(막16:19). 예수님이 승천하셔서 하나님 우편에 앉으신 것은 하나님 아버지께서 예수님을 높이신 것입니다(행2:33, 5:31).

고전15:3-4 “내가 받은 것을 먼저 너희에게 전하였노니 이는 성경대로 그리스도께서 우리 죄를 위하여 죽으시고 장사 지낸 바 되었다가 성경대로 사흘 만에 다시 살아나사"

행3:15 "생명의 주를 죽였도다 그러나 하나님이 죽은 자 가운데서 그를 살리셨으니 우리가 이 일에 증인이라."

행1:3 "해 받으신 후에 또한 저희에게 확실한 많은 증거로 친히 사심을 나타내사 사십 일 동안 저희에게 보이시며 하나님 나라의 일을 말씀하시니라."

행1:2 "그가 택하신 사도들에게 성령으로 명하시고 승천하신 날 까지의 일을 기록하였노라."

행1:9 "이 말씀을 마치시고 저희 보는 데서 올리워 가시니 구름 이 저를 가리워 보이지 않게 하더라."

막16:19 "주 예수께서 말씀을 마치신 후에 하늘로 올리우사 하나님 우편에 앉으셨느니라."

행2:33 "하나님이 오른손으로 예수를 높이시매 그가 약속하신 성 령을 아버지께 받아서 너희가 보고 듣는 이것을 부어 주 셨느니라."

행5:31 "이스라엘에게 회개함과 죄 사함을 주시려고 그를 오른손 으로 높이사 임금과 구주로 삼으셨느니라."

1) 예수님은 부활하셨습니다.

예수님은 부활이요 생명이십니다(요11:25). 예수님은 목숨을 버 릴 권세도 있고 다시 얻을 권세도 있습니다(요10:18). 예수 그리스 도께서 죽은 자 가운데서 살아나셨으매 다시 죽지 아니하시고 사망 이 다시 그를 주장하지 못합니다(롬6:9).

요11:25	"예수께서 이르시되 나는 부활이요 생명이니 나를 믿는 자는 죽어도 살겠고"
요10:18	"이를 내게서 빼앗는 자가 있는 것이 아니라 내가 스스로 버리노라 나는 버릴 권세도 있고 다시 얻을 권세도 있으니 이 계명은 내 아버지에게서 받았노라 하시니라."
롬6:9	"이는 그리스도께서 죽은 자 가운데서 살아나셨으매 다시 죽지 아니하시고 사망이 다시 그를 주장하지 못할 줄을 앎이로다."

우리도 부활할 것입니다. 하나님이 예수님을 다시 살리셨고 또한 그의 권능으로 우리를 다시 살리실 것입니다(고전6:14). 우리는 예수님과 그 부활의 권능과 그 고난에 참여함을 알고자 하며 그의 죽으심을 본받아 죽은 자 가운데서 부활에 이르려 해야 합니다(빌3:10-11). 우리는 예수님이 부활하셨음을 믿을 뿐만 아니라 우리 자신도 부활할 것을 믿어야 합니다. 그리고 우리는 부활의 비밀을 알아야 하는데 우리가 다 잠잘 것이 아니요 마지막 나팔에 순식간에 홀연히 다 변화할 것입니다. 예수님이 재림하실 때에 나팔 소리가 나매 죽은 자들이 썩지 아니할 것으로 다시 살아나고 우리도 변화될 것입니다(고전15:51-52). 그리고 우리가 이 썩을 것이 썩지 아니함을 입고 이 죽을 것이 죽지 아니함을 입을 때에는 '사망을 삼키고 이기리라' 고 기록된 말씀이 이루어질 것입니다(고전15:54). 예수님을 죽은 자 가운데서 살리신 하나님의 영(성령)이 우리 안에 거하시면 그리스도 예수를 죽은 자 가운데서 살리신 하나님이 우리

안에 거하시는 그의 영(성령)으로 말미암아 우리 죽을 몸도 살리실 것입니다(롬8:11).

고전6:14	"하나님이 주를 다시 살리셨고 또한 그의 권능으로 우리를 다시 살리시리라."
빌3:10-11	"내가 그리스도와 그 부활의 권능과 그 고난에 참여함을 알고자 하여 그의 죽으심을 본받아 어떻게 해서든지 죽은 자 가운데서 부활에 이르려 하노니"
고전15:51-52	"보라 내가 비밀을 말하노니 우리가 다 잠 잘 것이 아니요 마지막 나팔에 순식간에 홀연히 다 변화되리니 나팔 소리가 나매 죽은 자들이 썩지 아니할 것으로 다시 살아나고 우리도 변화하리라."
고전15:54	"이 썩을 것이 썩지 아니함을 입고 이 죽을 것이 죽지 아니함을 입을 때에는 사망을 삼키고 이기리라고 기록된 말씀이 이루어지리라."
롬8:11	"예수를 죽은 자 가운데서 살리신 이의 영이 너희 안에 거하시면 그리스도 예수를 죽은 자 가운데서 살리신 이가 너희 안에 거하시는 그의 영으로 말미암아 너희 죽을 몸도 살리시리라."

2) 예수님은 승천하셨습니다.

다윗은 예수님께서 하나님 우편에 앉으실 것을 예언했습니다(눅20:42-43). 그리고 예수님은 그의 아버지 곧 우리 아버지, 그의 하나님 곧 우리 하나님께로 올라가셨습니다(요20:17). 예수님의 아버지 하나님이 곧 나의 아버지 하나님이십니다. 예수님은 아버지께

로 나와서 세상에 오셨고 다시 세상을 떠나 아버지께로 가셨습니다
(요16:28). 그리고 예수님이 승천하여 아버지께로 가심은 하나님이
예수님을 높이신 것입니다(행2:33).

> 눅20:42-43 "시편에 다윗이 친히 말하였으되 주께서 내 주께 이르시되
> 내가 네 원수를 네 발등상으로 삼을 때까지 내 우편에 앉
> 았으라 하셨도다 하였느니라."
>
> 요20:17   "예수께서 이르시되 나를 붙들지 말라 내가 아직 아버지께
> 로 올라가지 아니하였노라 너는 내 형제들에게 가서 이르
> 되 내가 내 아버지 곧 너희 아버지, 내 하나님 곧 너희 하
> 나님께로 올라간다 하라 하시니"
>
> 요16:28   "내가 아버지에게서 나와 세상에 왔고 다시 세상을 떠나
> 아버지께로 가노라 하시니"
>
> 행2:33   "하나님이 오른손으로 예수를 높이시매 그가 약속하신 성
> 령을 아버지께 받아서 너희가 보고 듣는 이것을 부어 주
> 셨느니라."

우리는 예수님의 승천을 기뻐해야 합니다. 우리는 예수님께서 아
버지께로 가셨음을 기뻐해야 합니다(요14:28). 그리고 우리는 하나
님 우편에 앉으신 예수님을 바라보아야 합니다(히12:2). 스데반은
예수님이 하나님 우편에 서신 것을 보았습니다(행7:55).

> 요14:28   "내가 갔다가 너희에게로 온다 하는 말을 너희가 들었나니
> 나를 사랑하였더라면 내가 아버지께로 감을 기뻐하였으
> 리라 아버지는 나보다 크심이라."

히12:2	"믿음의 주요 또 온전하게 하시는 이인 예수를 바라보자 그는 그 앞에 있는 기쁨을 위하여 십자가를 참으사 부끄러움을 개의치 아니하시더니 하나님 보좌 우편에 앉으셨느니라."
행7:55	"스데반이 성령 충만하여 하늘을 우러러 주목하여 하나님의 영광과 및 예수께서 하나님 우편에 서신 것을 보고"

3) 예수님은 하나님 우편에 계십니다.

예수님은 하늘로 올라가셔서 하나님 우편에 앉으셨습니다(막16:19). 하나님 아버지 우편에 계신 예수님은 그의 천사를 그 종 요한에게 보내어 그 종들에게 보이시려고 반드시 속히 일어날 일들을 알게 하셨습니다(계1:1). 사도 요한에게 보이신 예수님은 발에 끌리는 옷을 입고 가슴에 금 띠를 띠고 일곱 금 촛대(교회) 사이에 계셨습니다. 그의 머리와 털의 희기가 흰 양털 같고 눈 같으며 그의 눈은 불꽃 같고 그의 발은 풀무불에 단련한 빛난 주석 같고 그의 음성은 많은 물 소리와 같으며 그의 오른 손에 일곱 별(사자:목회자)이 있고 그의 입에서 좌우에 날선 검이 나오고 그 얼굴은 해가 힘있게 비치는 것 같았습니다(계1:13-16). 사도 요한이 본 하나님 우편에 계신 예수님을 우리도 볼 수 있어야 합니다.

막16:19	"주 예수께서 말씀을 마치신 후에 하늘로 올려지사 하나님 우편에 앉으시니라."
계1:1	"예수 그리스도의 계시라 이는 하나님이 그에게 주사 반드시 속히 일어날 일들을 그 종들에게 보이시려고 그의 천

사를 그 종 요한에게 보내어 알게 하신 것이라.”

계1:13-16   “촛대 사이에 인자 같은 이가 발에 끌리는 옷을 입고 가슴
               에 금띠를 띠고 그의 머리와 털의 희기가 흰 양털 같고 눈
               같으며 그의 눈은 불꽃 같고 그의 발은 풀무불에 단련한
               빛난 주석 같고 그의 음성은 많은 물소리와 같으며 그의
               오른손에 일곱 별이 있고 그의 입에서 좌우에 날선 검이
               나오고 그 얼굴은 해가 힘 있게 비치는 것 같더라.”

　　하나님 아버지 우편에 계시며 교회들에게 말씀하시는 예수님은
오른손에 일곱 별을 붙잡고 일곱 금 촛대 사이에 거니시는 이시며
(계2:1), 처음이요 마지막이요 죽었다가 살아나신 이시며(계2:8),
좌우에 날선 검을 가지신 이시며(계2:12), 그 눈이 불꽃 같고 그 발
이 빛난 주석과 같은 하나님의 아들이시며(계2:18), 하나님의 일곱
영과 일곱 별을 가지신 이시며(계3:1), 거룩하고 진실하사 다윗의
열쇠를 가지신 이 곧 열면 닫을 사람이 없고 닫으면 열 사람이 없는
이시며(계3:7), 아멘이시오 참된 증인이시오 하나님의 창조의 근본
이십니다(계3:14). 우리는 교회에게 말씀하시는 하나님 우편에 계
신 예수님을 알아야 합니다.

계2:1   “에베소교회의 사자에게 편지하라 오른손에 있는 일곱 별
              을 붙잡고 일곱 금 촛대 사이를 거니시는 이가 이르시되”

계2:8   “서머나교회의 사자에게 편지하라 처음이며 마지막이요
              죽었다가 살아나신 이가 이르시되”

계2:12   “버가모교회의 사자에게 편지하라 좌우에 날선 검을 가지

신 이가 이르시되"

계2:18	"두아디라교회의 사자에게 편지하라 그 눈이 불꽃 같고 그 발이 빛난 주석과 같은 하나님의 아들이 이르시되"
계3:1	"사데교회의 사자에게 편지하라 하나님의 일곱 영과 일곱 별을 가지신 이가 이르시되"
계3:7	"빌라델비아교회의 사자에게 편지하라 거룩하고 진실하사 다윗의 열쇠를 가지신 이 곧 열면 닫을 사람이 없고 닫으면 열 사람이 없는 그가 이르시되"
계3:14	"라오디게아교회의 사자에게 편지하라 아멘이시오 충성되고 참된 증인이시오 하나님의 창조의 근본이신 이가 이르시되"

하나님 아버지 우편에 계신 예수님은 참된 증인이시며(계1:5), 땅의 임금들의 머리가 되신 이시며(계1:5), 일찍 죽임을 당한 것 같은 어린 양이시며(계5:6), 다윗의 뿌리요 자손이시며(계22:16), 광명한 새벽별이십니다(계22:16).

계1:5	"또 충성된 증인으로 죽은 자들 가운데서 먼저 나시고 땅의 임금들의 머리가 되신 예수 그리스도로 말미암아 은혜와 평강이 있기를 원하노라."
계5:6	"내가 또 보니 보좌와 네 생물과 장로들 사이에 한 어린 양이 서 있는데 일찍이 죽임을 당한 것 같더라 그에게 일곱 뿔과 일곱 눈이 있으니 이 눈들은 온 땅에 보내심을 받은 하나님의 일곱 영이더라."
계22:16	"나 예수는 교회들을 위하여 내 사자를 보내어 이것들을

너희에게 증언하게 하였노라 나는 다윗의 자손이니 곧 광명한 새벽 별이라 하시더라."

4) 승천하셔서 하나님 우편에 계신 예수님은 무엇을 하실까요?

① 승천하신 예수님은 우리의 있을 곳을 예비하십니다.

승천하신 예수님은 우리를 위하여 처소를 예비하러 가셨습니다 (요14:2-3). 그리고 예수님이 우리를 위하여 처소를 예비하시면 다시 오셔서 우리를 영접하여 예수님이 계신 곳에 우리도 있게 하실 것입니다.

> 요14:2-3   "내 아버지 집에 있을 곳이 많도다 그렇지 않으면 너희에게 일렀으리라 내가 너희를 위하여 처소를 예비하러 가노니 가서 너희를 위하여 처소를 예비하면 내가 다시 와서 너희를 내게로 영접하여 나 있는 곳에 너희도 있게 하리라."

우리는 예수님이 계신 하늘에 있는 영원한 집을 사모해야 합니다. 아브라함, 이삭, 야곱은 하늘에 있는 본향을 사모했습니다(히 11:16). 우리는 만일 땅에 있는 우리의 장막집이 무너지면 하나님께서 지으신 하늘에 있는 영원한 집이 우리에게 있는 줄 압니다(고후 5:1). 그러므로 우리는 그리스도와 함께 살리심을 받았기에 그리스도께서 하나님 우편에 앉아 계신 위의 것을 찾아야 합니다. 우리는 위의 것을 생각하고 땅의 것을 생각하지 말아야 합니다(골3:1-2).

히11:16	"그들이 이제는 더 나은 본향을 사모하니 곧 하늘에 있는 것이라 이러므로 하나님이 그들의 하나님이라 일컬음 받으심을 부끄러워하지 아니하시고 그들을 위하여 한 성을 예비하셨느니라."
고후5:1	"만일 땅에 있는 우리의 장막 집이 무너지면 하나님께서 지으신 집 곧 손으로 지은 것이 아니요 하늘에 있는 영원한 집이 우리에게 있는 줄 아느니라."
골3:1-2	"그러므로 너희가 그리스도와 함께 다시 살리심을 받았으면 위의 것을 찾으라 거기는 그리스도께서 하나님 우편에 앉아 계시느니라 위의 것을 생각하고 땅의 것을 생각하지 말라."

② 승천하신 예수님은 우리에게 성령을 부어주십니다.

부활하신 예수님은 제자들에게 "성령을 받으라"고 명하셨습니다 (요20:22). 또 예수님은 승천하시기 전에 제자들에게 "예루살렘을 떠나지 말고 내게서 들은 바 아버지께서 약속하신 것을 기다리라"고 명하시고(행1:4), "요한은 물로 세례를 베풀었으나 너희는 몇 날이 못되어 성령으로 세례를 받으리라"고 약속하셨습니다(행1:5). 그리고 승천하신 예수님은 약속하신 성령을 아버지께 받아서 제자들에게 부어주셨습니다(행2:33).

요20:22	"이 말씀을 하시고 그들을 향하사 숨을 내쉬며 이르시되 성령을 받으라."
행1:4	"사도와 함께 모이사 그들에게 분부하여 이르시되 예루살렘을 떠나지 말고 내게서 들은 바 아버지께서 약속하신

것을 기다리라."

| 행1:5 | "요한은 물로 세례를 베풀었으나 너희는 몇 날이 못되어 성령으로 세례를 받으리라 하셨느니라." |
| 행2:33 | "하나님이 오른손으로 예수를 높이시매 그가 약속하신 성령을 아버지께 받아서 너희가 보고 듣는 이것을 부어주셨느니라." |

우리는 승천하신 예수님께서 부어주신 성령을 받아야 합니다.

우리는 성령으로 세례(성령님의 내주하심)를 받고(행1:5), 성령으로 충만함(성령님의 지배하심)을 받고(엡5:18), 기름 부으심(성령님의 능력)을 받아야 합니다(고후1:21). 누구든지 그리스도의 영이신 성령이 없으면 그리스도의 사람이 아닙니다(롬8:9). 우리가 아들이므로 하나님이 그 아들의 영을 우리 마음 가운데 보내셨습니다(갈4:6). 그리고 성령이 친히 우리의 영과 더불어 우리가 하나님의 자녀인 것을 증언하십니다(롬8:16). 하나님의 아들인 우리는 성령으로 인도함을 받습니다(롬8:14). 그리고 우리가 성령을 따라 행하면 육체의 욕심을 이루지 아니합니다(갈5:16). 우리가 성령으로 행하면 성령으로 살아야 합니다(갈5:25).

| 행1:5 | "요한은 물로 세례를 베풀었으나 너희는 몇 날이 못 되어 성령으로 세례를 받으리라 하셨느니라." |
| 엡5:18 | "술 취하지 말라 이는 방탕한 것이니 오직 성령으로 충만함을 받으라." |

고후1:21	"우리를 너희와 함께 그리스도 안에서 굳건하게 하시고 우리에게 기름을 부으신 이는 하나님이시니"
롬8:9	"만일 너희 속에 하나님의 영이 거하시면 너희가 육신에 있지 아니하고 영에 있나니 누구든지 그리스도의 영이 없으면 그리스도의 사람이 아니라."
갈4:6	"너희가 아들이므로 하나님이 그 아들의 영을 우리 마음 가운데 보내사 아빠 아버지라 부르게 하셨느니라."
롬8:16	"성령이 친히 우리의 영과 더불어 우리가 하나님의 자녀인 것을 증언하시나니"
롬8:14	"무릇 하나님의 영으로 인도함을 받는 사람은 곧 하나님의 아들이라."
갈5:16	"내가 이르노니 너희는 성령을 따라 행하라 그리하면 육체의 욕심을 이루지 아니하리라."
갈5:25	"만일 우리가 성령으로 살면 또한 성령으로 행할지니"

③ 승천하신 예수님은 우리를 위하여 간구하시며 대언하십니다. 예수님은 승천하셔서 하나님의 보좌 우편에 앉으신 우리의 대제사장이십니다(히8:1). 예수님이 승천하셔서 아버지 하나님께 간구하심은 우리의 대제사장이 되셔서 지성소에 들어가신 것입니다. 그리스도 예수는 우리를 위하여 죽으실 뿐 아니라 다시 살아나신 이요 하나님 우편에 계신 자요 우리를 위하여 간구하시는 자이십니다(롬8:34). 예수님은 항상 살아서 우리를 위하여 간구하십니다(히7:25). 그래서 예수님은 우리를 온전히 구원하실 수 있습니다. 예수님은 만일 우리가 죄를 범하면 우리의 대언자가 되십니다(요일

2:1). 그러므로 우리는 죄를 범하지 않게 됩니다. 성령님도 우리를 위하여 친히 간구하십니다(롬8:26-27).

히8:1	"지금 우리가 하는 말의 요점은 이러한 대제사장이 우리에게 있다는 것이라 그는 하늘에서 지극히 크신 이의 보좌 우편에 앉으셨으니"
롬8:34	"누가 정죄하리요 죽으실 뿐 아니라 다시 살아나신 이는 그리스도 예수시니 그는 하나님 우편에 계신 자요 우리를 위하여 간구하시는 자시니라."
히7:25	"그러므로 자기를 힘입어 하나님께 나아가는 자들을 온전히 구원하실 수 있으니 이는 그가 항상 살아 계셔서 그들을 위하여 간구하심이라."
요일2:1	"나의 자녀들아 내가 이것을 너희에게 씀은 너희로 죄를 범하지 않게 함이라 만일 누가 죄를 범하여도 아버지 앞에서 우리에게 대언자가 있으니 곧 의로우신 예수 그리스도시라."
롬8:26-27	"이와 같이 성령도 우리의 연약함을 도우시나니 우리는 마땅히 기도할 바를 알지 못하나 오직 성령이 말할 수 없는 탄식으로 우리를 위하여 친히 간구하시느니라 마음을 살피시는 이가 성령의 생각을 아시나니 이는 성령이 하나님의 뜻대로 성도를 위하여 간구하심이니라."

우리는 구원 받았음을 확신해야 합니다. 하나님이 우리를 위하시므로 누구도 우리를 대적할 수 없습니다(롬8:31). 하나님이 우리를 택하시고 의롭다 하시니 누구도 우리를 고발할 수 없고 정죄할 수 없습니다(롬8:33-34). 예수님이 우리를 위하여 죽으시고 다시 살아

나셔서 하나님 우편에 계시며 우리를 위하여 간구하시므로 누구도
우리를 그리스도의 사랑에서 끊을 수 없습니다(롬8:35).

롬8:31	"그런즉 이 일에 대하여 우리가 무슨 말 하리요 만일 하나님이 우리를 위하시면 누가 우리를 대적하리요."
롬8:33-34	"누가 능히 하나님께서 택하신 자들을 고발하리요 의롭다 하신 이는 하나님이시니 누가 정죄하리요."
롬8:35	"죽으실 뿐 아니라 다시 살아나신 이는 그리스도 예수시니 그는 하나님 우편에 계신 자요 우리를 위하여 간구하시는 자시니라 누가 우리를 그리스도의 사랑에서 끊으리요 환난이나 곤고나 박해나 기근이나 적신이나 위험이나 칼이라"

④ 승천하신 예수님은 우리를 온전하게 하십니다.

승천하신 예수님은 우리를 온전하게 하십니다(히12:2). 예수님
은 한 제물로 거룩하게 된 자들을 영원히 온전하게 하셨습니다(히
10:14). 그리스도 안에서 우리를 부르사 자기의 영광에 들어가게
하신 하나님이 우리를 친히 온전하게 하시며 굳건하게 하시며 강하
게 하시며 터를 견고하게 하십니다(벧전5:10). 모든 성경은 하나님
의 감동으로 된 것으로 교훈과 책망과 바르게 함과 의로 교육하기
에 유익하므로 하나님의 사람으로 온전하게 하며 모든 선한 일을
행할 능력을 갖추게 합니다(딤후3:16-17).

히12:2	"믿음의 주요 또 온전하게 하신 이인 예수를 바라보자 그는 그 앞에 있는 기쁨을 위하여 십자가를 참으사 부끄러움을 개의치 아니하시더니 하나님 보좌 우편에 앉으셨느니라."
히10:14	"그가 거룩하게 된 자들을 한 번의 제사로 영원히 온전하게 하셨느니라.
벧전5:10	"모든 은혜의 하나님 곧 그리스도 안에서 너희를 부르사 자기의 영원한 영광에 들어가게 하신 이가 잠깐 고난을 당한 너희를 친히 온전하게 하시며 굳건하게 하시며 강하게 하시며 터를 견고하게 하시리라."
딤후3:16-17	"모든 성경은 하나님의 감동으로 된 것으로 교훈과 책망과 바르게 함과 의로 교육하기에 유익하니 이는 하나님의 사람으로 온전하게 하며 모든 선한 일을 행할 능력을 갖추게 하려 함이라."

우리는 온전하게 되어야 합니다. 우리는 다 예수님을 믿는 것과 아는 일에 하나가 되어 온전한 사람을 이루어 그리스도의 장성한 분량이 충만한 데까지 이르러야 합니다. 그래서 우리가 어린 아이가 되지 아니하여 사람의 속임수와 간사한 유혹에 빠져 온갖 교훈의 풍조에 밀려 요동하지 않아야 합니다(엡4:13-14). 우리는 믿음과 사랑과 인내함에 온전하게 해야 합니다(딛2:2). 우리는 거룩함을 온전하게 해야 합니다(고후7:1). 우리는 복종을 온전하게 해야 합니다(고후10:6). 그래서 우리는 참 마음과 온전한 믿음으로 하나님께 나아가야 합니다(히10:22). 그리고 우리는 온전한 상을 받아야 합니다(요이1:8).

엡4:13-14   "우리가 다 하나님의 아들을 믿는 것과 아는 일에 하나가 되어 온전한 사람을 이루어 그리스도의 장성한 분량이 충만한 데까지 이르리니 이는 우리가 이제부터 어린 아이가 되지 아니하여 사람의 속임수와 간사한 유혹에 빠져 온갖 교훈의 풍조에 밀려 요동하지 않게 하려 함이라."

딛2:2   "늙은 남자로는 절제하며 경건하며 신중하며 믿음과 사랑과 인내함에 온전하게 하고"

고후7:1   "그런즉 사랑하는 자들아 이 약속을 가진 우리는 하나님을 두려워하는 가운데서 거룩함을 온전히 이루어 육과 영의 온갖 더러운 것에서 자신을 깨끗하게 하자."

고후10:6   "너희의 복종이 온전하게 될 때에 모든 복종하지 않는 것을 벌하려고 준비하는 중에 있노라."

히10:22   "우리가 마음에 뿌림을 받아 악한 양심으로부터 벗어나고 몸은 맑은 물로 씻음을 받았으니 참 마음과 온전한 믿음으로 하나님께 나아가자."

요이1:8   "너희는 스스로 삼가 우리가 일한 것을 잃지 말고 오직 온전한 상을 받으라."

⑤ 승천하신 예수님은 우리가 회개하기를 기다리십니다.

예수 그리스도는 죄를 위하여 한 영원한 제사를 드리시고 하나님 우편에 앉으사 그 후에 자기 원수들을 자기 발등상이 되게 하실 때까지 기다리십니다(히10:12-13). 하나님 우편에 계신 예수님은 우리를 대하여 오래 참으사 아무도 멸망하지 않고 다 회개하기에 이르기를 원하십니다(벧후3:9). 그런데 멸망하는 자들은 재앙을 당하면서도 회개하지 않습니다(계9:20-21, 16:9). 멸망하는 자들은 회개를 하지 않아서 멸망합니다.

히10:12-13   "오직 그리스도는 죄를 위하여 한 영원한 제사를 드리시고
하나님 우편에 앉으사 그 후에 자기 원수들을 자기 발등
상이 되게 하실 때까지 기다리시나니"

벧후3:9   "주의 약속은 어떤 이들이 더디다고 생각하는 것같이 더딘
것이 아니라 오직 주께서도 너희를 대하여 오래 참으사
아무도 멸망하지 아니하고 다 회개하기에 이르기를 원하
시느니라."

계9:20-21   "이 재앙에 죽지 않고 남은 사람들은 손으로 행한 일을 회
개하지 아니하고 오히려 여러 귀신과 또는 보거나 듣거나
다니거나 하지 못하는 금, 은, 동과 목석의 우상에게 절하
고 또 그 살인과 복술과 음행과 도둑질을 회개하지 아니
하더라."

계16:9   "사람들이 크게 태움에 태워진지라 이 재앙들을 행하는 권
세를 가지신 하나님의 이름을 비방하며 또 회개하지 아니
하고 주께 영광을 돌리지 아니하더라."

우리는 회개해야 합니다. 하나님이 회개함을 주십니다(딤후2:25-
26). 하나님이 주신 회개를 하면 진리를 알고 마귀의 올무에서 벗
어나 하나님께 사로잡힌바 되어 하나님의 뜻을 따릅니다. 하나님이
생명 얻는 회개를 주십니다(행11:18).

딤후2:25-26   "거역하는 자를 온유함으로 훈계할지니 혹 하나님이 그들
에게 회개함을 주사 진리를 알게 하실까 하며 그들로 깨
어 마귀의 올무에서 벗어나 하나님께 사로잡힌바 되어 그

뜻을 따르게 하실까 함이라."

행11:18   "그들이 이 말을 듣고 잠잠하여 하나님께 영광을 돌려 이
            르되 그러면 하나님께서 이방인에게도 생명 얻는 회개를
            주셨도다 하니라."

우리는 예수님이 하나님 아버지의 우편에 계심을 믿고, 예수님이
하신 사역을 믿고 받아야 합니다. 우리는 예수님이 우리를 위하여
예비하신 하늘에 있는 처소(천국)를 소망하며, 예수님이 부어주시
는 성령을 충만히 받고, 예수님을 의지하여 구원 받았음을 확신하
고, 온전하게 되어야 하며, 회개해야 합니다. 그리고 우리는 예수님
이 계시는 위엣 것을 찾아야 하고(골3:1), 또한 예수님을 임금으로
섬겨야 합니다(행5:31). 우리는 하나님 우편에 계시는 예수님에게
천사들과 권세들과 능력들이 복종함을 알아야 합니다(벧전3:22).
그래서 우리도 예수님에게 온전히 복종해야 합니다.

골3:1   "그러므로 너희가 그리스도와 함께 살리심을 받았으면 위
            의 것을 찾으라 거기는 그리스도께서 하나님 우편에 앉아
            계시느니라."

행5:31   "이스라엘에게 회개함과 죄 사함을 주시려고 그를 오른손
            으로 높이사 임금과 구주로 삼으셨느니라."

벧전3:22 "그는 하늘에 오르사 하나님 우편에 계시니 천사들과 권세
            들과 능력들이 그에게 복종하느니라."

5. 재림하실 예수 그리스도의 비밀

　예수님은 재림하실 것입니다. 지금 하나님 아버지의 우편에 계신 예수님은 세상에 다시 오실 것입니다(마16:27, 계22:12, 20). 예수님은 첫 번째 이 세상에 오셔서 많은 사람의 죄를 담당하시려고 단번에 자신을 드리셨습니다. 그리고 예수님은 구원(천국에 들어가는 구원)에 이르게 하기 위하여 죄와 상관없이 자기를 바라는 자들에게 두 번째 나타나실 것입니다(히9:28).

마16:27	"인자가 아버지의 영광으로 그 천사들과 함께 오리니 그 때에 각 사람의 행한 대로 갚으리라."
계22:12	"보라 내가 속히 오리니 내가 줄 상이 내게 있어 각 사람에게 그의 일한 대로 갚아 주리라."
계22:20	"이것들을 증언하신 이가 이르시되 내가 진실로 속히 오리라 하시거늘 아멘 주 예수여 오시옵소서."
히9:28	"이와 같이 그리스도도 많은 사람의 죄를 담당하시려고 단번에 드리신 바 되셨고 구원에 이르게 하기 위하여 죄와 상관없이 자기를 바라는 자들에게 두 번째 나타나시리라."

　예수님은 어떻게 다시 오실까요? 예수님은 하늘로 가심을 본 그대로 다시 오실 것입니다(행1:11). 예수님은 능력과 큰 영광으로 다시 오실 것입니다(마24:30). 예수님은 천사들과 함께 다시 오실 것입니다(막8:38). 예수님은 모든 성도와 함께 다시 오실 것입니다(살전3:13).

행1:11 "이르되 갈릴리 사람들아 어찌하여 하늘을 쳐다보느냐 너희 가운데서 하늘로 올려지신 이 예수는 하늘로 가심을 본 그대로 오시리라 하였느니라."

마24:30 "그 때에 인자의 징조가 하늘에서 보이겠고 그 때에 땅의 모든 족속들이 통곡하며 그들이 인자가 구름을 타고 능력과 큰 영광으로 오는 것을 보리라."

막8:38 "누구든지 이 음란하고 죄 많은 세대에서 나와 내 말을 부끄러워하면 인자도 아버지의 영광으로 거룩한 천사들과 함께 올 때에 그 사람을 부끄러워하리라."

살전3:13 "너희 마음을 굳건하게 하시고 우리 주 예수께서 그의 모든 성도와 함께 강림하실 때에 하나님 우리 아버지 앞에서 거룩함에 흠이 없게 하시기를 원하노라."

1) 예수님이 재림하시기 전에 여러 가지 징조가 일어납니다.

예수님이 재림하시기 전에 세상의 끝은 아니나 재난의 시작인 징조들이 일어납니다. 그 징조는 거짓 선지자가 많이 일어나 많은 사람을 미혹합니다(마24:11). 전쟁이 일어나고 처처에 기근과 지진이 있습니다(마24:6-7). 그리스도인들이 모든 민족에게 핍박을 받습니다(마24:9-10). 불법이 성하므로 많은 사람의 사랑이 식어집니다(마24:12-13). 사람들이 먹고 마시고 장가들고 시집가고 사고팔고 심고 집을 짓는 일에 몰두합니다(눅17:26-30). 사람들이 고통하는 때가 이릅니다(딤후3:1-5). 사람들이 빨리 왕래하며 지식이 더합니다(단12:4).

마24:11   "거짓 선지자가 많이 일어나 많은 사람을 미혹하겠으며"

마24:6-7   "난리와 난리 소문을 듣겠으나 너희는 삼가 두려워하지 말
           라 이런 일이 있어야 하되 아직 끝은 아니니라 민족이 민
           족을, 나라가 나라를 대적하여 일어나겠고 곳곳에 기근과
           지진이 있으리니"

마24:9-10 "그 때에 사람들이 너희를 환난에 넘겨 주겠으며 너희를
           죽이리니 너희가 내 이름 때문에 모든 민족에게 미움을
           받으리라 그때에 많은 사람이 실족하게 되어 서로 잡아
           주고 서로 미워하겠으며"

마24:12-13 "불법이 성하므로 많은 사람의 사랑이 식어지리라 그러나
           끝까지 견디는 자는 구원을 얻으리라."

눅17:26-30 "노아가 방주에 들어가던 날까지 사람들이 먹고 마시고 장
           가들고 시집가더니 홍수가 나서 그들을 다 멸망시켰으며
           또 롯의 때와 같으리니 사람들이 먹고 마시고 사고 팔고
           심고 집을 짓더니 롯이 소돔에서 나가던 날에 하늘로부터
           불과 유황이 비오듯 하여 그들을 멸망시켰느니라 인자가
           나타나는 날에도 이러하리라."

딤후3:1-5 "너는 이것을 알라 말세에 고통하는 때가 이르러 사람들
           이 자기를 사랑하며 돈을 사랑하며 자랑하며 교만하며 비
           방하며 부모를 거역하며 감사하지 아니하며 거룩하지 아
           니하며 무정하며 원통함을 풀지 아니하며 모함하며 절제
           하지 못하며 사나우며 선한 것을 좋아하지 아니하며 배
           신하며 조급하며 자만하며 쾌락을 사랑하기를 하나님 사
           랑하는 것보다 더하며 경건의 모양은 있으나 경건의 능력
           은 부인하니 이같은 자들에게서 네가 돌아서라."

단12:4   "다니엘아 마지막 때까지 이 말을 간수하고 이 글을 봉함
           하라 많은 사람이 빨리 왕래하며 지식이 더하리라."

예수님이 재림하시기 전에 세상의 끝인 징조가 일어납니다. 그 징조는 천국 복음이 모든 민족에게 증거되기 위하여 온 세상에 전파됩니다(마24:14). 또한 배도하는 일이 있고 멸망의 아들이 나타납니다(살후2:3). 그리고 그 후에 예수님이 재림하실 것입니다.

마24:14   "이 천국 복음이 모든 민족에게 증언되기 위하여 온 세상에 전파되리니 그제야 끝이 오리라."

살후2:3   "누가 어떻게 하여도 너희가 미혹되지 말라 먼저 배교하는 일이 있고 저 불법의 사람 곧 멸망의 아들이 나타나기 전에는 그 날이 이르지 아니하리니"

2) 예수님이 재림하실때 성도들이 부활하여 공중에서 주를 영접하며 예수님과 함께 영광 중에 나타날 것입니다.

부활은 각각 자기 차례대로 됩니다. 먼저는 첫 열매인 그리스도요 다음에는 그리스도께서 강림하실 때에 그리스도에게 속한 자입니다. 그리고 마지막으로는 그리스도가 모든 통치와 모든 권세와 능력을 멸하시고 나라를 아버지 하나님께 바칠 때입니다(고전15:23-24).

고전15:23-24 "그러나 각각 자기 차례대로 되리니 먼저는 첫 열매인 그리스도요 다음에는 그가 강림하실 때에 그리스도에게 속한 자요 그 후에는 마지막이니 그가 모든 통치와 모든 권세와 능력을 멸하시고 나라를 아버지 하나님께 바칠 때라."

성도들은 그리스도가 재림하실 때에 부활합니다. 우리가 다 잠잘 것이 아니요 예수님이 재림하시는 마지막 나팔에 순식간에 다 변화될 것입니다. 나팔소리가 나매 죽은 자들이 썩지 아니할 것으로 다시 살아나고 우리도 변화될 것입니다. 이것은 비밀입니다(고전15:51-52). 예수 그리스도께서 호령과 천사장의 소리와 하나님의 나팔로 친히 하늘로부터 강림하실 것이며 그리스도 안에서 죽은 자들이 먼저 일어나고 그 후에 살아 남은 자들도 그들과 함께 구름 속으로 끌어 올려 주를 영접하게 하실 것입니다(살전4:16-17). 예수님이 큰 나팔소리와 함께 천사들을 보내시며 저희가 그 택하신 자들을 하늘 이 끝에서 저 끝까지 사방에서 모을 것입니다(마24:31). 이 때 하나는 데려감을 당하고 하나는 버려둠을 당할 것입니다(눅17:34-35). 그리고 부활하여 공중에서 주를 영접한 성도들은 예수님과 함께 영광 중에 나타날 것입니다(골3:4).

고전15:51-52 "보라 내가 너희에게 비밀을 말하노니 우리가 다 잠 잘 것이 아니요 마지막 나팔에 순식간에 홀연히 다 변화되리니 나팔소리가 나매 죽은 자들이 썩지 아니할 것으로 다시 살아나고 우리도 변화되리라."

살전4:16-17 "주께서 호령과 천사장의 소리와 하나님의 나팔 소리로 친히 하늘로부터 강림하시리니 그리스도 안에서 죽은 자들이 먼저 일어나고 그 후에 우리 살아 남은 자들도 그들과 함께 구름 속으로 끌어 올려 공중에서 주를 영접하게 하시리니 그리하여 우리가 항상 주와 함께 있으리라."

마24:31 "그가 큰 나팔소리와 함께 천사들을 보내리니 그들이 그의 택하신 자들을 하늘 이 끝에서 저 끝까지 사방에서 모으리라."

눅17:34-35 "내가 너희에게 이르노니 그 밤에 둘이 한 자리에 누워 있으매 하나는 데려감을 당하고 하나는 버려둠을 당할 것이요 두 여자가 함께 맷돌을 갈고 있으매 하나는 데려감을 얻고 하나는 버려둠을 당할 것이니라."

골3:4 "우리 생명이신 그리스도께서 나타나실 그 때에 너희도 그와 함께 영광 중에 나타나리라."

3) 재림하시는 예수님은 백마 탄 자로 계시되었습니다.

백마를 타고 재림하시는 예수님의 이름은 충신과 진실이며 공의로 심판하며 싸우십니다. 재림하시는 예수님의 눈은 불꽃 같고 그 머리에는 많은 관들이 있고 자기밖에 아는 자가 없는 이름 쓴 것이 하나 있습니다. 재림하시는 예수님은 피 뿌린 옷을 입었는데 그 이름은 하나님의 말씀이라 칭합니다(계19:11-13). 재림하시는 예수님의 입에서 예리한 검이 나오니 그것으로 만국을 치겠고 친히 그들을 철장으로 다스리며 또 친히 전능하신 하나님의 진노의 포도주틀을 밟습니다. 그리고 그 옷과 다리에 이름을 쓴 것이 있으니 만왕의 왕이요 만주의 주라 하였습니다(계19:15-16). 재림하시는 예수님은 충신과 진실이며 만왕의 왕이요 만주의 주이십니다. 재림하시는 예수님은 왕과 심판주로 다시 오실 것입니다.

계19:11-13 "또 내가 하늘이 열린 것을 보니 보라 백마와 그것을 탄 자가 있으니 그 이름은 충신과 진실이라 그가 공의로 심판하며 싸우더라 그 눈은 불꽃 같고 그 머리에는 많은 관들이 있고 또 이름 쓴 것 하나가 있으니 자기밖에 아는 자가 없고 또 그가 피 뿌린 옷을 입었는데 그 이름은 하나님의 말씀이라 칭하더라."

계19:15-16 "그의 입에서 예리한 검이 나오니 그것으로 만국을 치겠고 친히 그들을 철장으로 다스리며 또 친히 하나님 곧 전능하신 이의 맹렬한 진노의 포도주 틀을 밟겠고 그 옷과 그 다리에 이름을 쓴 것이 있으니 만왕의 왕이요 만주의 주라 하였더라."

4) 예수님이 재림하셔서 무엇을 하실까요?

① 재림하신 예수님은 불법한 자인 멸망의 아들(짐승)을 폐하실 것입니다.

예수님이 재림하시기 전에 멸망의 아들(짐승)이 나타납니다. 예수님이 재림하시기 전에 배교하는 일이 있고 불법의 사람 곧 멸망의 아들이 나타납니다(살후2:3). 불법의 사람 곧 멸망의 아들(짐승)은 대환난 전 삼년 반 끝에 나타나 예수님의 두 증인을 죽입니다(계11:7). 이 짐승(멸망의 아들)은 가장 악한 자인데 용(마귀=사탄)이 자기의 능력과 보좌와 큰 권세를 그에게 주었습니다(계13:2). 이 짐승은 과장되고 신성모독을 말하는 입을 받고 마흔 두 달(후 삼년 반) 동안 일할 권세를 받습니다(계13:5). 그래서 이 짐승은 권세를 받아 성도들과 싸워 이기게 되고 각 족속과 백성과 방언과 나라를 다스리는 권세를 받으므로 예수님의 생명책에 기록되지 못한 자들은 다 그 짐승에게 경배합니다(계13:7-8).

살후2:3	"누가 어떻게 하여도 너희가 미혹되지 말라 먼저 배교하는 일이 있고 저 불법의 사람 곧 멸망의 아들이 나타나기 전에는 그 날이 이르지 아니하리니"
계11:7	"그들이 그 증언을 마칠 때에 무저갱으로부터 올라오는 짐승이 그들과 더불어 전쟁을 일으켜 그들을 이기고 그들을 죽일 터인즉"
계13:2	"내가 본 짐승은 표범과 비슷하고 그 발은 곰의 발 같고 그 입은 사자의 입 같은데 용이 자기의 능력과 보좌와 권세를 그에게 주었더라."
계13:5	"또 짐승이 과장되고 신성모독을 말하는 입을 받고 또 마흔 두 달 동안 일할 권세를 받으니라."
계13:7-8	"또 권세를 받아 성도들과 싸워 이기게 되고 각 족속과 백성과 방언과 나라를 다스리는 권세를 받으니 죽임을 당한 어린 양의 생명책에 창세 이후로 이름이 기록되지 못하고 이 땅에 사는 자들은 다 그 짐승에게 경배하리라."

재림하신 예수님이 멸망의 아들(짐승)을 폐하십니다. 예수님이 재림하실 때 이 짐승과 땅의 임금들과 그들의 군대들이 모여 재림하시는 예수님과 그의 천사들과 더불어 전쟁을 일으킵니다(계 19:19). 그러나 재림하신 예수님이 불법한 자인 멸망의 아들 곧 짐승을 폐하십니다(살후2:8). 이 짐승(멸망의 아들)과 거짓 선지자가 잡혀 산 채로 유황불 붙는 못(지옥)에 던져집니다(계19:20).

계19:19	"또 내가 보매 그 짐승과 땅의 임금들과 그들의 군대들이 모여 그 말 탄 자와 그의 군대와 더불어 전쟁을 일으키다가"

살후2:8	"그 때에 불법한 자가 나타나리니 주 예수께서 그 입의 기운으로 저를 죽이시고 강림하여 나타나심으로 폐하시리라."
계19:20	"짐승이 잡히고 그 앞에서 표적을 행하던 거짓 선지자도 함께 잡혔으니 이는 짐승의 표를 받고 그의 우상에게 경배하던 자들을 표적으로 미혹하던 자라 이 둘이 산채로 유황불 붙는 못에 던져지고"

② 재림하신 예수님은 왕으로 이 세상을 다스리실 것입니다.

이 세상에 다시 오신 예수님은 모든 원수를 멸하시고 모든 만물과 나라를 아버지 하나님께 바치실 것입니다. 그 때까지 예수님은 세상에서 왕 노릇 하실 것입니다(고전15:24-25). 이 세상에 재림하신 예수님이 멸망의 아들을 폐하신 후에 천사가 무저갱의 열쇠와 큰 쇠사슬을 그의 손에 가지고 하늘로부터 내려와서 용(옛 뱀=마귀=사탄)을 잡아서 천 년 동안 결박하여 무저갱에 던져 넣어 잠그고 그 위를 인봉하여 천 년이 차도록 다시는 만국을 미혹하지 못하게 할 것입니다(계20:1-3). 그리고 예수님은 왕으로 이 세상을 일천 년 동안 다스리실 것입니다. 예수님이 재림하실 이 때 첫째 부활에 참여한 성도들이 그리스도로 더불어 왕 노릇 할 것입니다(계20:4). 그리고 천 년 왕국에서는 마귀의 미혹이 없으므로 해됨도 없고 상함도 없고 하나님을 아는 지식이 세상에 충만할 것입니다(사11:6-9).

고전15:24-25 "그 후에는 마지막이니 그가 모든 통치와 모든 권세와 능력을 멸하시고 나라를 아버지 하나님께 바칠 때라 그가 모든 원수를 그 발 아래에 둘 때까지 반드시 왕 노릇 하시리니"

계20:1-3 "또 내가 보매 천사가 무저갱의 열쇠와 큰 쇠사슬을 그의 손에 가지고 하늘로부터 내려와서 용을 잡으니 곧 옛 뱀이요 마귀요 사탄이라 잡아서 천 년 동안 결박하여 무저갱에 던져 넣어 잠그고 그 위에 인봉하여 천 년이 차도록 다시는 만국을 미혹하지 못하게 하였는데 그 후에는 반드시 잠깐 놓이리라."

계20:4 "또 내가 보좌들을 보니 거기에 앉은 자들이 있어 심판하는 권세를 받았더라 또 내가 보니 예수를 증언함과 하나님의 말씀 때문에 목 베임을 당한 영혼들과 또 짐승과 그의 우상에게 경배하지 아니하고 그들의 이마와 손에 그의 표를 받지 아니한 자들이 살아서 그리스도와 더불어 천 년 동안 왕 노릇 하니"

사11:6-9 "그 때에 이리가 어린 양과 함께 살며 표범이 어린 염소와 함께 누우며 송아지와 어린 사자와 살진 짐승이 함께 있어 어린 아이에게 끌리며 암소와 곰이 함께 먹으며 그것들의 새끼가 함께 엎드리며 사자가 소처럼 풀을 먹을 것이며 젖 먹는 아이가 독사의 구멍에서 장난하며 젖 뗀 어린 아이가 독사의 굴에 손을 넣을 것이라 내 거룩한 산 모든 곳에서 해됨도 없고 상함도 없을 것이니 이는 물이 바다를 덮음같이 여호와를 아는 지식이 세상에 충만할 것임이니라."

③ 재림하신 예수님은 모든 사람을 선악 간에 그 몸으로 행한 대로 심판하실 것입니다.

천 년 동안 무저갱에 갇힌 사탄(마귀)은 반드시 잠깐 놓이게 됩니다(계20:3). 천 년이 찰 때 사탄이 그 옥에서 놓여 땅의 사방 백성(곡과 마곡)을 미혹하고 모아 싸움을 붙입니다(계20:7-8). 그리고 사탄의 미혹을 받은 바다의 모래와 같은 많은 사람들이 지면에 널리 퍼져 성도들과 싸우려고 합니다. 이 때 하늘에서 불이 내려와 그들을 태워버립니다(계20:9). 그리고 그들을 미혹하는 마귀가 불과 유황 못에 던져집니다(계20:10). 이 때 이 땅과 하늘은 간 데 없고 예수님이 흰 보좌 위에 앉아 모든 사람들이 자기 행위를 따라 책들에 기록된 대로 예수님께 심판을 받습니다(계20:11-13). 그리고 사망과 음부도 불못에 던져집니다(계20:14). 또 생명책에 기록되지 못한 자는 누구든지 불못에 던져집니다(계20:15).

계20:3 　"무저갱에 던져 넣어 잠그고 그 위에 인봉하여 천 년이 차도록 다시는 만국을 미혹하지 못하게 하였는데 그 후에는 반드시 잠깐 놓이리라."

계20:7-8 　"천 년이 차매 사탄이 그 옥에서 놓여 나와서 땅의 사방 백성 곧 곡과 마곡을 미혹하고 모아 싸움을 붙이리니 그 수가 바다 모래 같으리라."

계20:9 　"그들이 지면에 널리 퍼져 성도들의 진과 사랑하시는 성을 두르매 하늘에서 불이 내려와 그들을 태워버리고"

계20:10 　"또 그들을 미혹하는 마귀가 불과 유황 못에 던져지니 거기는 그 짐승과 거짓 선지자도 있어 세세토록 밤낮 괴로움을 받으리라."

계20:11-13 "또 내가 보니 죽은 자들이 큰 자나 작은 자나 그 보좌 앞에 서 있는데 책들이 펴 있고 또 다른 책이 펴졌으니 곧 생명책이라 죽은 자들이 자기 행위를 따라 책들에 기록된 대로 심판을 받으니 바다가 그 가운데에서 죽은 자들을 내주고 또 사망과 음부도 그 가운데에서 죽은 자들을 내주매 각 사람이 자기의 행위대로 심판을 받고"

계20:14 "사망과 음부도 불못에 던져지니 이것은 둘째 사망 곧 불못이라."

계20:15 "누구든지 생명책에 기록되지 못한 자는 불못에 던져지더라."

재림하시는 예수님은 심판자이십니다. 하나님이 예수님을 살아 있는 자와 죽은 자의 재판장으로 정하셨습니다(행10:42). 그 심판자가 문밖에 서 계십니다(약5:9). 재림하신 예수님은 심판하십니다. 예수님은 경건하지 않은 자들을 심판하십니다. 에녹은 예수님이 재림하셔서 경건하지 않은 자들을 심판하심을 알고 예언했습니다(유1:14-15). 우리가 다 반드시 그리스도의 심판대 앞에 드러나 각각 선악 간에 그 몸으로 행한 것을 따라 심판을 받습니다(고후5:10).

행10:42 "우리에게 명하사 백성에게 전도하되 하나님이 살아 있는 자와 죽은 자의 재판장으로 정하신 자가 곧 이 사람인 것을 증언하게 하셨고"

약5:9 "형제들아 서로 원망하지 말라 그리하여야 심판을 면하리라 보라 심판자가 문밖에 서 계시니라.

유1:14-15 "아담의 칠대 손 에녹이 이 사람들에 대하여도 예언하여

이르되 보라 주께서 그 수만의 거룩한 자와 함께 임하셨
나니 이는 뭇 사람을 심판하사 모든 경건하지 않게 행한
모든 경건하지 않은 일과 또 경건하지 않은 죄인들이 주
를 거슬러 한 모든 완악한 말로 말미암아 그들을 정죄하
려 하심이라 하였느니라."

고후5:10　　"이는 우리가 다 반드시 그리스도의 심판대 앞에 나타나게
되어 각각 선악 간에 그 몸으로 행한 것을 따라 받으려 함
이라."

5) 예수님의 재림의 비밀을 아는 우리는 어떻게 해야 할까요?

예수님의 재림의 비밀을 알고 예수님의 재림을 바라는 우리는
"아멘 주 예수여 오시옵소서(마라나타)" 해야 합니다(계22:20). 그
리고 우리는 몸으로 있든지 떠나든지 주를 기쁘시게 하는 자가 되
기를 힘써야 합니다(고후5:9-10). 또한 우리는 거룩한 행실과 경건
함으로 하나님의 날이 임하기를 간절히 사모하며(벧후3:11-13), 예
수님의 나타나심을 사모해야 하며(딤후4:7-8), 예수님 안에 거해야
하고(요일2:28), 예수님 앞에 서도록 항상 기도하며 깨어 있어야 하
며(눅21:36), 예수님의 깨끗하심과 같이 자신을 깨끗하게 해야 하
며(요일3:2-3), 받은 명령을 행하고 더욱 힘써서 행하여야 하며(살
전4:1-2), 모이기에 힘쓰고(히10:25), 마음이 흔들리거나 두려워하
지 말아야 합니다(살후2:1-2).

계22:20　　"이것들을 증언하신 이가 이르시되 내가 진실로 속히 오리
라 하시거늘 아멘 주 예수여 오시옵소서."

고후5:9-10 "그런즉 우리는 몸으로 있든지 떠나든지 주를 기쁘시게 하는 자가 되기를 힘쓰노라 이는 우리가 다 반드시 그리스도의 심판대 앞에 나타나게 되어 각각 선악간에 그 몸으로 행한 것을 따라 받으려 함이라."

벧후3:11-13 "이 모든 것이 이렇게 풀어지리니 너희가 어떠한 사람이 되어야 마땅하냐 거룩한 행실과 경건함으로 하나님의 날이 임하기를 바라보고 간절히 사모하라 그 날에 하늘이 불에 타서 풀어지고 물질이 뜨거운 불에 녹아지려니와 우리는 그의 약속대로 의가 있는 곳인 새 하늘과 새 땅을 바라보도다."

딤후4:7-8 "나는 선한 싸움을 싸우고 달려갈 길을 마치고 믿음을 지켰으니 이제 후로는 나를 위하여 의의 면류관이 예비되었으므로 주 곧 의로우신 재판장이 그 날에 내게 주실 것이며 내게만 아니라 주의 나타나심을 사모하는 모든 자에게도니라."

요일2:28 "자녀들아 이제 그의 안에 거하라 이는 주께서 나타내신 바 되면 그가 강림하실 때에 우리로 담대함을 얻어 그 앞에서 부끄럽지 않게 하려 함이라."

눅21:36 "이러므로 너희는 장차 올 이 모든 일을 능히 피하고 인자 앞에 서도록 항상 기도하며 깨어 있으라 하시니라."

요일3:2-3 "사랑하는 자들아 우리가 지금은 하나님의 자녀라 장래에 어떻게 될지는 아직 나타나지 아니하였으나 그가 나타나시면 우리가 그와 같을 줄을 아는 것은 그의 참 모습 그대로 볼 것이기 때문이니 주를 향하여 이 소망을 가진 자마다 그의 깨끗하심과 같이 자기를 깨끗하게 하느니라."

살전4:1-2 "그러므로 형제들아 우리가 끝으로 주 예수 안에서 너희에게 구하고 권면하노니 너희가 마땅히 어떻게 행하며 하나님을 기쁘시게 할 수 있는지를 우리에게 배웠으니 곧 너희가 행하는 바라 더욱 많이 힘쓰라 우리가 주 예수로 말미암아 너희에게 무슨 명령으로 준 것을 너희가 아느니라."

히10:25   "모이기를 폐하는 어떤 사람들의 습관과 같이 하지 말고 오직 권하여 그 날이 가까움을 볼수록 더욱 그리하자."

살후2:1-2   "형제들아 우리가 너희에게 구하는 것은 우리 주 예수 그리스도의 강림하심과 우리가 그 앞에 모임에 관하여 영으로나 또는 말로나 또는 우리에게서 받았다 하는 편지로나 주의 날이 이르렀다고 해서 쉽게 마음이 흔들리거나 두려워하거나 하지 말아야 한다는 것이라."

우리는 하나님의 비밀을 맡은 그리스도의 일꾼입니다. 우리는 예수님을 알고 충성되고 참된 예수님의 증인이 되어야 합니다. 우리는 예수님의 신실한 증인이 되어야 합니다. 신실한 증인은 거짓말을 아니합니다(잠14:5). 우리는 예수님의 진실한 증인이 되어야 합니다. 진실한 증인은 사람의 생명을 구합니다(잠14:25).

잠14:5   "신실한 증인은 거짓말을 아니하여도 거짓 증인은 거짓말을 뱉느니라."

잠14:25   "진실한 증인은 사람의 생명을 구원하여도 거짓말을 뱉는 사람은 속이느니라."

3장

불법의
비밀

하 나님의 비밀을 아는 것은 죄인이 어떻게 구원을 받아, 어떻게 살다가, 어떻게 됨을 아는 것입니다. 하나님은 그리스도 예수를 복음으로 전파되게 하시고, 죄인들이 복음을 듣고 그리스도 예수를 믿어 구원을 받아, 경건하게 살다가, 부활하여 천국으로 가게 하십니다. 하나님은 이 비밀을 선지자들과 사도들에게 알게 하시고 전하게 하셨습니다.

1. 하나님의 비밀을 방해하는 불법의 비밀(마귀의 비밀)

하나님의 비밀인 구원역사를 대적하고 방해하는 비밀이 있습니다. 이 비밀을 불법의 비밀(살후2:7) 또는 짐승의 비밀이라고 합니다(계17:7). 우리는 성경에서 말씀하신 불법의 비밀(짐승의 비밀)을 알아야 합니다. 불법의 비밀(짐승의 비밀)은 마귀의 비밀입니다. 마귀는 불신자들로 구원을 받지 못하게 하고(고후4:4), 구원 받은 자들을 넘어지도록 미혹합니다(마24:24).

살후2:7   "불법의 비밀이 이미 활동하였으나 지금은 그것을 막는 자가 있어 그 중에서 옮겨질 때까지 하리라."

계17:7   "천사가 이르되 왜 놀랍게 여기느냐? 내가 여자와 그가 탄 일곱 머리와 열 뿔 가진 짐승의 비밀을 네게 이르리라."

고후4:4   "그 중에 이 세상의 신이 믿지 아니하는 자들의 마음을 혼미하게 하여 그리스도의 영광의 복음의 광채가 비치지 못하게 함이니 그리스도는 하나님의 형상이니라."

마24:24 "거짓 그리스도들과 거짓 선지자들이 일어나 큰 표적과 기
사를 보여 할 수만 있으면 택하신 자들도 미혹하리라."

1) 그리스도의 비밀과 그리스도를 대적하는 불법의 비밀

하나님이 죄인들을 그리스도로 말미암아 구원하시기에 하나님
의 비밀은 그리스도의 비밀입니다(엡3:4). 하나님께서는 모든 죄인
들을 구원하시기 위하여 예수 그리스도를 이 세상에 보내셨습니다
(요3:16-17).

엡3:4 "그것을 읽으면 내가 그리스도의 비밀을 깨달은 것을 너희
가 알 수 있으리라."

요3:16–17 "하나님이 세상을 이처럼 사랑하사 독생자를 주셨으니 이
는 그를 믿는 자마다 멸망하지 않고 영생을 얻게 하려 하
심이라 하나님이 그 아들을 세상에 보내신 것은 세상을
심판하려 하심이 아니요 그로 말미암아 세상이 구원을 받
게 하려 하심이라."

마귀는 그리스도를 대적합니다. 죄인들이 구원 받는 것을 방해하
는 불법의 비밀이 예수 그리스도를 대적합니다. 하나님은 마귀가
예수 그리스도를 대적할 것을 미리 말씀하셨습니다(창3:15). 하나
님은 다윗의 입을 통하여 성령으로 세상의 군왕들과 관리들이 주와
그의 그리스도를 대적할 것을 말씀하셨습니다(시2:2, 행4:26).

창3:15	"내가 너로 여자와 원수가 되게 하고 네 후손도 여자의 후손과 원수가 되게 하리니 여자의 후손은 네 머리를 상하게 할 것이요 너는 그의 발꿈치를 상하게 할 것이니라."
시2:2	"세상의 군왕들이 나서며 관원들이 서로 꾀하여 여호와와 그의 기름 부음 받은 자를 대적하며"
행4:26	"세상의 군왕들이 나서며 관리들이 함께 모여 주와 그의 그리스도를 대적하도다."

마귀는 육체로 오신 그리스도를 대적합니다. 예수님은 성령으로 마리아에게 잉태되어 나셨습니다. 그런데 헤롯 왕은 예수님을 죽이려고 두 살부터 그 아래로 사내아이들을 다 죽이게 하였습니다(마 2:16). 유대인의 대제사장들과 백성의 장로들이 예수님을 흉계로 잡아 죽이려고 의논하였습니다(마26:3-4). 그리고 그들은 로마 군인들의 손을 빌려 예수님을 못 박아 죽였습니다(행2:23). 또한 미혹하는 자가 세상에 많이 나와 예수 그리스도께서 육체로 오심을 부인합니다(요이1:7).

마2:16	"이에 헤롯이 박사들에게 속은 줄 알고 심히 노하여 사람을 보내어 베들레헴과 그 모든 지경 안에 있는 사내아이를 박사들에게 자세히 알아본 그 때를 기준하여 두 살부터 그 아래로 다 죽이니"
마26:3-4	"그 때에 대제사장들과 백성의 장로들이 가야바라 하는 대제사장의 관정에 모여 예수를 흉계로 잡아 죽이려고 의논하되"

| 행2:23 | "그가 하나님께서 정하신 뜻과 미리 아신 대로 내준 바 되었거늘 너희가 법 없는 자들의 손을 빌려 못 박아 죽였으나" |
| 요이1:7 | "미혹하는 자가 세상에 많이 나왔나니 이는 예수 그리스도께서 육체로 오심을 부인하는 자라 이런 자가 미혹하는 자요 적그리스도니" |

마귀는 부활하신 그리스도를 대적합니다. 예수님이 장사 지낸 바되신 후에 대제사장들은 예수님께서 "내가 사흘 후에 다시 살아나리라"고 하신 말씀을 기억하고 총독 빌라도에게 예수님의 무덤을 사흘까지 굳게 지키도록 명령해 주기를 구하였습니다. 또한 대제사장들은 경비병과 함께 가서 돌을 인봉하고 무덤을 굳게 지켰습니다(마27:66). 그리고 예수님이 부활하신 후에는 대제사장들이 무덤을 지킨 군인들에게 돈을 많이 주며 예수님의 제자들이 밤에 와서 그를 도둑질하여 갔다 하라고 하였습니다(마28:12-13). 군인들이 돈을 받고 대제사장들이 가르친 대로 하여 그 말이 유대인 가운데 두루 퍼졌습니다(마28:15). 제사장들과 사두개인들은 사도들이 예수 안에 죽은 자의 부활이 있다고 백성을 가르치고 전함을 싫어하여 그들을 잡아 가두었습니다(행4:1-3). 진리에 관하여 그릇된 자들이 부활이 이미 지나갔다고 함으로 사람들의 믿음을 무너뜨립니다(딤후2:18).

| 마27:66 | "그들이 경비병과 함께 가서 돌을 인봉하고 무덤을 굳게 지키니라." |

마28:12-13	"그들이 장로들과 함께 모여 의논하고 군인들에게 돈을 많이 주며 이르되 너희는 말하기를 그의 제자들이 밤에 와서 우리가 잘 때에 그를 도둑질하여 갔다 하라."
마28:15	"군인들이 돈을 받고 가르친 대로 하였으니 이 말이 오늘날까지 유대인 가운데 두루 퍼지니라."
행4:1-3	"사도들이 백성에게 말할 때에 제사장들과 성전 맡은 자와 사두개인들이 이르러 예수 안에 죽은 자의 부활이 있다고 백성을 가르치고 전함을 싫어하여 그들을 잡으매 날이 이미 저물었으므로 이튿날까지 가두었으나"
딤후2:18	"진리에 관하여는 그들이 그릇되었도다 부활이 이미 지나갔다 함으로 어떤 사람들의 믿음을 무너뜨리느니라."

마귀는 재림하실 그리스도를 대적합니다. 마귀(용)에게 능력과 보좌와 큰 권세를 받은 짐승(불법한 자, 멸망의 아들)은 재림하시는 예수님과 더불어 싸울 것입니다(계17:14). 이 짐승과 땅의 임금들과 그들의 군대들이 모여 재림하시는 예수님과 그의 군대와 더불어 전쟁을 일으킬 것입니다(계19:19). 그리고 말세에 조롱하는 자들이 와서 자기 정욕을 따라 행하며 조롱하여 "주께서 강림(재림)하신다는 약속이 어디 있느냐? 조상들이 잔 후로부터 만물이 처음 창조될 때와 같이 그냥 있다" 할 것입니다(벧후3:3-4). 또한 예수님이 부활하신 몸으로 재림하실 것을 부인하며 예수님이 이미 영으로 재림하셨다고 주장하는 이단들도 있습니다.

계17:14	"그들이 어린 양과 더불어 싸우려니와 어린 양은 만주의

주시오 만왕의 왕이시므로 그들을 이기실 터이요 또 그와 함께 있는 자들 곧 부르심을 받고 택하심을 받은 진실한 자들은 이기리로다.”

계19:19   “또 내가 보매 그 짐승과 땅의 임금들과 그들의 군대들이 모여 그 말 탄 자와 그의 군대와 더불어 전쟁을 일으키다 가”

벧후3:3-4 “먼저 이것을 알지니 말세에 조롱하는 자들이 와서 자기의 정욕을 따라 행하며 조롱하여 이르되 주께서 강림하신다 는 약속이 어디 있느냐 조상들이 잔 후로부터 만물이 처음 창조될 때와 같이 그냥 있다 하니”

2) 복음의 비밀과 복음을 방해하는 불법의 비밀

그리스도의 비밀은 복음으로 전파되기에 복음의 비밀입니다(엡 6:19). 복음은 하나님의 아들 예수 그리스도의 복음입니다(막1:1). 복음은 하나님이 선지자들을 통하여 그의 아들에 관하여 성경에 미리 약속하신 것입니다(롬1:2). 그리고 복음은 모든 믿는 자에게 구원을 주시는 하나님의 능력이 됩니다(롬1:16). 복음에는 하나님의 의가 나타나서 믿음으로 믿음에 이르게 합니다(롬1:17).

엡6:19   “또 나를 위하여 구할 것은 내게 말씀을 주사 나로 입을 열어 복음의 비밀을 담대히 알리게 하옵소서 할 것이니”

막1:1   “하나님의 아들 예수 그리스도의 복음의 시작이라.”

롬1:2   “이 복음은 하나님이 선지자들을 통하여 그의 아들에 관하 여 성경에 미리 약속하신 것이라.”

롬1:16	"내가 복음을 부끄러워하지 아니하노니 이 복음은 모든 믿는 자에게 구원을 주시는 하나님의 능력이 됨이라 먼저는 유대인에게요 그리고 헬라인에게로다."
롬1:17	"복음에는 하나님의 의가 나타나서 믿음으로 믿음에 이르게 하나니 기록된 바 오직 의인은 믿음으로 말미암아 살리라 함과 같으니라."

예수님은 하나님의 복음을 전파하셨습니다(막1:14-15). 또 예수님은 사도들에게 온 천하에 다니며 만민에게 복음을 전파하라고 명하셨습니다(막16:15). 그래서 하나님의 나라의 복음이 전파되어 사람마다 그리로 침입합니다(눅16:16). 예수님은 복음으로써 생명과 썩지 아니할 것을 드러내셨습니다(딤후1:10). 그래서 이방인(불신자)들이 복음으로 말미암아 그리스도 예수 안에서 함께 상속자가 되고 함께 지체가 되고 함께 약속에 참여하는 자가 됩니다(엡3:6). 우리도 그리스도 안에서 우리의 구원의 복음(진리의 말씀)을 듣고 그 안에서 또한 믿어 약속의 성령으로 인치심을 받았습니다(엡1:13).

막1:14-15	"요한이 잡힌 후 예수께서 갈릴리에 오셔서 하나님의 복음을 전파하여 이르시되 때가 찼고 하나님의 나라가 가까이 왔으니 회개하고 복음을 믿으라 하시니라."
막16:15	"또 이르시되 너희는 온 천하에 다니며 만민에게 복음을 전파하라."
눅16:16	"율법과 선지자는 요한의 때까지요 그 후부터는 하나님 나

라의 복음이 전파되어 사람마다 그리로 침입하느니라.”

딤후1:10   “이제는 우리 구주 그리스도 예수의 나타나심으로 말미암
아 나타났으니 그는 사망을 폐하시고 복음으로써 생명과
썩지 아니할 것을 드러내신지라.”

엡3:6   “이는 이방인들이 복음으로 말미암아 그리스도 예수 안에
서 함께 상속자가 되고 함께 지체가 되고 함께 약속에 참
여하는 자가 됨이라.”

엡1:13   “그 안에서 너희도 진리의 말씀 곧 너희의 구원의 복음을
듣고 그 안에서 또한 믿어 약속의 성령으로 인치심을 받
았으니”

마귀는 예수 그리스도의 복음을 방해합니다. 이 세상의 신인 마
귀는 믿지 아니하는 자들의 마음을 혼미하게 하여 그리스도의 영광
의 복음의 광채가 비치지 못하게 합니다. 그리스도는 하나님의 형
상이기 때문입니다(고후4:4). 또한 마귀는 다른 복음을 전하게 합
니다. 다른 복음은 없는데 다만 어떤 사람들이 그리스도의 복음을
변하게 하려 합니다(갈1:7). 그런데 다른 복음을 받게 할 때에는 사
람들이 잘 용납합니다(고후11:4). 그러나 누구라도 다른 복음을 전
하면 저주를 받습니다(갈1:8). 그리고 예수님이 재림하실 때에 예
수님의 복음에 복종하지 않는 자들에게 형벌을 내리실 것입니다
(살후1:8).

고후4:4   “그 중에 이 세상의 신이 믿지 아니하는 자들의 마음을 혼
미하게 하여 그리스도의 영광의 복음의 광채가 비치지 못

하게 함이니 그리스도는 하나님의 형상이니라."

갈1:7 　"다른 복음은 없나니 다만 어떤 사람들이 너희를 교란하여 그리스도의 복음을 변하게 하려 함이라."

고후11:4 　"만일 누가 가서 우리가 전파하지 아니한 다른 예수를 전파하거나 혹은 너희가 받지 아니한 다른 영을 받게 하거나 혹은 너희가 받지 아니한 다른 복음을 받게 할 때에는 너희가 잘 용납하는구나."

갈1:8 　"그러나 우리나 혹은 하늘로부터 온 천사라도 우리가 너희에게 전한 복음 외에 다른 복음을 전하면 저주를 받을지어다."

살후1:8 　"하나님을 모르는 자들과 우리 주 예수의 복음에 복종하지 않는 자들에게 형벌을 내리시리니"

3) 믿음의 비밀과 믿음을 방해하는 불법의 비밀

복음을 듣고 믿음으로 구원을 받기에 믿음의 비밀입니다(딤전 3:9). 구원은 하나님이 은혜로 주신 선물이며 믿음으로 받을 수 있습니다(엡2:8). 그런데 믿음은 하나님이 주신 것입니다(유1:3). 우리는 하나님께 보배로운 믿음을 받았습니다(벧후1:1). 믿음의 주는 예수 그리스도이십니다(히12:2). 그리고 믿음은 그리스도의 말씀을 들음에서 납니다(롬10:17). 믿음의 결국은 영혼의 구원입니다(벧전1:9). 그리고 세상을 이기는 승리는 우리의 믿음입니다(요일5:4). 성도들은 하나님의 계명과 예수님에 대한 믿음을 지키는 자입니다 (계14:12).

딤전3:9	"깨끗한 양심에 믿음의 비밀을 가진 자라야 할지니"
엡2:8	"너희는 그 은혜에 의하여 믿음으로 말미암아 구원을 받았으니 이것은 너희에게서 난 것이 아니요 하나님의 선물이라"
유1:3	"사랑하는 자들아 우리가 일반으로 받은 구원에 관하여 내가 너희에게 편지하려는 생각이 간절하던 차에 성도에게 단번에 주신 믿음의 도를 위하여 힘써 싸우라는 편지로 너희를 권하여야 할 필요를 느꼈노니"
벧후1:1	"예수 그리스도의 종이며 사도인 시몬 베드로는 우리 하나님과 구주 예수 그리스도의 의를 힘입어 동일하게 보배로운 믿음을 우리와 함께 받은 자들에게 편지하노니"
히12:2	"믿음의 주요 또 온전하게 하시는 이인 예수를 바라보자 그는 그 앞에 있는 기쁨을 위하여 십자가를 참으사 부끄러움을 개의치 아니 하시더니 하나님 보좌 우편에 앉으셨느니라."
롬10:17	"그러므로 믿음은 들음에서 나며 들음은 그리스도의 말씀으로 말미암았느니라."
벧전1:9	"믿음의 결국 곧 영혼의 구원을 받음이라."
요일5:4	"무릇 하나님께로부터 난 자마다 세상을 이기느니라 세상을 이기는 승리는 이것이니 우리의 믿음이니라."
계14:12	"성도들의 인내가 여기 있나니 그들은 하나님의 계명과 예수에 대한 믿음을 지키는 자니라."

사탄(마귀)은 성도의 믿음이 약해지게 합니다. 사탄은 예수님의 제자인 베드로의 믿음을 없애려고 밀 까부르듯 하였습니다. 그러나

예수님은 베드로를 위하여 믿음이 떨어지지 않기를 위해 기도하셨습니다(눅22:31-32). 마귀는 거짓 그리스도들과 거짓 선지자들에게 역사하여 큰 표적과 기사를 보이게 하여 하나님께서 택하신 자라도 미혹합니다(마24:24). 바울과 바나바가 구브로 섬에 가서 총독 서기오 바울에게 말씀을 전할 때 바예수(예수의 아들)라 하는 유대인 거짓 선지자 마술사 엘루마가 바울과 바나바를 대적하여 총독으로 믿지 못하게 힘썼습니다(행13:6-8). 후메내오와 빌레도는 부활이 지나갔다 하므로 어떤 사람들의 믿음을 무너뜨렸습니다(딤후2:17-18).

눅22:31-32 "시몬아, 시몬아, 사탄이 너희를 밀 까부르듯 하려고 요구하였으나 그러나 내가 너를 위하여 네 믿음이 떨어지지 않기를 기도하였노니 너는 돌이킨 후에 네 형제를 굳게 하라."

마24:24 "거짓 그리스도들과 거짓 선지자들이 일어나 큰 표적과 기사를 보여 할 수만 있으면 택하신 자들도 미혹하리라."

행13:6-8 "온 섬 가운데로 지나서 바보에 이르러 바예수라 하는 유대인 거짓 선지자인 마술사를 만나니 그가 총독 서기오 바울과 함께 있으니 서기오 바울은 지혜 있는 사람이라 바나바와 사울을 불러 하나님의 말씀을 듣고자 하더라 이 마술사 엘루마는(이 이름을 번역하면 마술사라) 그들을 대적하여 총독으로 믿지 못하게 힘쓰니"

딤후2:17-18 "그들의 말은 악성 종양이 퍼져나감과 같은데 그 중에 후메내오와 빌레도가 있느니라 진리에 관하여는 그들이 그릇되었도다 부활이 이미 지나갔다 함으로 어떤 사람들의 믿음을 무너뜨리느니라."

믿음에서 떠난 자들이 있습니다. 후일에 어떤 사람들이 믿음에서 떠나 미혹하는 영과 귀신의 가르침을 따를 것입니다(딤전4:1). 누가 믿음에서 떠날까요? 돈을 탐내는 자들이 미혹을 받아 믿음에서 떠납니다(딤전6:10). 그리고 망령되고 헛된 말과 거짓된 지식을 따르는 사람들이 믿음에서 벗어납니다(딤전6:20-21). 진리를 대적하는 사람들은 그 마음이 부패한 자요 믿음에 관하여는 버림 받은 자들입니다(딤후3:8). 그리고 처음 믿음을 저버린 자는 정죄를 받습니다(딤전5:12).

딤전4:1 "그러나 성령이 밝히 말씀하시기를 후일에 어떤 사람들이 믿음에서 떠나 미혹하는 영과 귀신의 가르침을 따르리라 하셨으니"

딤전6:10 "돈을 사랑함이 일만 악의 뿌리가 되나니 이것을 탐내는 자들은 미혹을 받아 믿음에서 떠나 많은 근심으로써 자기를 찔렀도다."

딤전6:20-21 "디모데야 망령되고 헛된 말과 거짓된 지식의 반론을 피함으로 네게 부탁한 것을 지키라 이것을 따르는 사람들이 있어 믿음에서 벗어났느니라 은혜가 너희와 함께 있을지어다."

딤후3:8 "얀네와 얌브레가 모세를 대적한 것 같이 그들도 진리를 대적하니 이 사람들은 그 마음이 부패한 자요 믿음에 관하여는 버림 받은 자들이라."

딤전5:12 "처음 믿음을 저버렸으므로 정죄를 받느니라."

4) 교회의 비밀과 교회를 대적하는 불법의 비밀

하나님이 그리스도의 비밀을 복음으로 듣고 믿어 구원받은 자들로 교회를 세우시기에 교회의 비밀입니다(엡5:32). 우리는 평강을 위하여 한 몸(교회)으로 부르심을 받았습니다. 그러므로 우리는 그리스도의 평강이 우리 마음을 주장하게 하고 감사하는 자가 되어야 합니다(골3:15). 우리 많은 사람이 그리스도 안에서 한 몸이 되어 서로 지체가 되었습니다(롬12:5). 우리는 다 한 성령으로 세례를 받아 한 몸(교회)이 되었고 또 하나님이 다 한 성령을 마시게 하셨습니다(고전12:13). 우리가 다 한 떡(예수님의 몸)에 참여하여 한 몸이 되었습니다(고전10:16-17).

엡5:32　"이 비밀이 크도다 나는 그리스도와 교회에 대하여 말하노라."

골3:15　"그리스도의 평강이 너희 마음을 주장하게 하라 너희는 평강을 위하여 한 몸으로 부르심을 받았나니 너희는 또한 감사하는 자가 되라."

롬12:5　"이와 같이 우리 많은 사람이 그리스도 안에서 한 몸이 되어 서로 지체가 되었느니라."

고전12:13　"우리가 유대인이나 헬라인이나 종이나 자유인이나 다 한 성령으로 세례를 받아 한 몸이 되었고 또 다 한 성령을 마시게 하셨느니라."

고전10:16-17 "우리가 축복하는 바 축복의 잔은 그리스도의 피에 참여함이 아니며 우리가 떼는 떡은 그리스도의 몸에 참여함이 아니냐 떡이 하나요 많은 우리가 한 몸이니 이는 우리가 다 한 떡에 참여함이라."

교회는 예수님이 세우십니다. 그래서 음부의 권세가 교회를 이기지 못합니다(마16:18). 하나님이 자기 피로 교회를 사셨습니다(행20:28). 그리고 하나님은 만물을 예수 그리스도의 발 아래에 복종하게 하시고 그를 만물 위에 교회의 머리로 삼으셨습니다(엡1:22). 그래서 교회는 예수 그리스도의 몸이며 만물 안에서 만물을 충만하게 하시는 이의 충만함입니다(엡1:23). 교회는 진리의 기둥과 터입니다(딤전3:15). 또한 교회는 그리스도 예수 안에서 거룩하여지고 성도라 부르심을 받은 자들입니다(고전1:2). 하나님은 교회로 말미암아 하늘에 있는 통치자들과 권세들에게 하나님의 각종 지혜를 알게 하십니다(엡3:10).

마16:18 　"또 내가 네게 이르노니 너는 베드로라 내가 이 반석 위에 내 교회를 세우리니 음부의 권세가 이기지 못하리라."

행20:28 　"여러분은 자기를 위하여 또는 온 양 떼를 위하여 삼가라 성령이 그들 가운데 여러분을 감독자로 삼고 하나님이 자기 피로 사신 교회를 보살피게 하셨느니라."

엡1:22 　"또 만물을 그의 발아래에 복종하게 하시고 그를 만물 위에 교회의 머리로 삼으셨느니라."

엡1:23 　"교회는 그의 몸이니 만물 안에서 만물을 충만하게 하시는 이의 충만함이니라."

딤전3:15 　"만일 내가 지체하면 너로 하여금 하나님의 집에서 어떻게 행하여야 할지를 알게 하려 함이니 이 집은 살아 계신 하나님의 교회요 진리의 기둥과 터니라."

고전1:2   "고린도에 있는 하나님의 교회 곧 그리스도 예수 안에서
          거룩하여지고 성도라 부르심을 받은 자들과 또 각처에서
          우리의 주 곧 그들과 우리의 주 되신 예수 그리스도의 이
          름을 부르는 모든 자들에게"

엡3:10   "이는 이제 교회로 말미암아 하늘에 있는 통치자들과 권세
          들에게 하나님의 각종 지혜를 알게 하려 하심이니"

예수님이 교회를 사랑하시고 양육하십니다. 예수님은 교회 가운
데 계십니다(계2:1). 그리고 예수님은 교회를 사랑하시고 교회를
위하여 자신을 주십니다(엡5:25). 또한 예수님은 교회를 양육하십
니다(엡5:29). 뿐만아니라 예수님은 자기 앞에 영광스러운 교회로
세우십니다(엡5:27). 그래서 교회는 그리스도에게 복종합니다(엡
5:24).

계2:1   "에베소교회의 사자에게 편지하라 오른손에 있는 일곱 별
          을 붙잡고 일곱 금 촛대 사이를 거니시는 이가 이르시되"

엡5:25   "남편들아 아내 사랑하기를 그리스도께서 교회를 사랑하
          시고 그 교회를 위하여 자신을 주심같이 하라."

엡5:29   "누구든지 언제나 자기 육체를 미워하지 않고 오직 양육하
          여 보호하기를 그리스도께서 교회에게 함같이 하나니"

엡5:27   "자기 앞에 영광스러운 교회로 세우사 티나 주름 잡힌 것
          이나 이런 것들이 없이 거룩하고 흠이 없게 하려 하심이
          라."

엡5:24   "그러므로 교회가 그리스도에게 하듯 아내들도 범사에 자
          기 남편에게 복종할지니라."

사탄(마귀)은 교회를 훼방하며 박해합니다. 대제사장들과 사두개인들이 사도들을 잡아다가 옥에 가두었습니다(행5:17-18). 또한 유대 공회 중에서 스데반이 돌에 맞아 죽었으며 그 날에 예루살렘에 있는 교회에 큰 박해가 있었습니다(행8:1). 그리고 사울은 교회를 잔멸하려고 각 집에 들어가 남녀를 끌어다가 옥에 넘겼습니다(행8:3). 뿐만아니라 헤롯 왕은 교회 중에서 몇 사람을 해하려 하여 사도 야고보를 칼로 죽였습니다(행12:1). 그리고 서머나교회를 비방한 유대인들은 실상은 사탄의 회당이었습니다(계2:9). 이렇게 사탄은 교회를 박해합니다(계12:13). 그리고 사탄은 교회를 없애려고 합니다(계12:15). 그러므로 우리는 하나님의 교회에 거치는 자가 되지 말아야 합니다(고전10:32).

행5:17-18 "대제사장과 그와 함께 있는 사람 즉 사두개인의 당파가 다 마음에 시기가 가득하여 일어나서 사도들을 잡아다가 옥에 가두었더니"

행8:1 "사울은 그가 죽임 당함을 마땅히 여기더라 그 날에 예루살렘에 있는 교회에 큰 박해가 있어 사도외에는 유대와 사마리아 모든 땅으로 흩어지니라."

행8:3 "사울이 교회를 잔멸할새 각 집에 들어가 남녀를 끌어다가 옥에 넘기니라."

행12:1 "그 때에 헤롯 왕이 손을 들어 교회 중에서 몇 사람을 해하려 하여 요한의 형제 야고보를 칼로 죽이니"

계2:9 "내가 네 환난과 궁핍을 알거니와 실상은 네가 부요한 자

니라 자칭 유대인이라 하는 자들의 비방도 알거니와 실상
은 유대인이 아니요 사탄의 회당이라."

계12:13 "용이 자기가 땅으로 내쫓긴 것을 보고 남자를 낳은 여자
를 박해하는지라."

계12:15 "여자의 뒤에서 뱀이 그 입으로 물을 강같이 토하여 여자
를 물에 떠내려 가게 하려 하되"

고전10:32 "유대인에게나 헬라인에게나 하나님의 교회에나 거치는
자가 되지 말고"

5) 주의 사자(목회자)의 비밀과 주의 사자를 대적하는 불법의 비밀

하나님이 그리스도의 비밀을 복음으로 듣고 믿어 구원 받은 자들
로 세우신 교회에 주의 사자를 세우시기에 주의 사자(목회자)의 비
밀입니다. 주의 사자는 주님이 세우신 자입니다. 주의 사자는 주님
이 보내신 자입니다(요20:21). 사도 요한이 본 것은 예수님 오른손
의 일곱 별의 비밀과 또 일곱 금 촛대였습니다. 일곱 별은 일곱 교
회의 사자입니다(계1:20). 예수님은 오른손에 일곱 별을 붙잡고 계
십니다(계2:1). 성령님이 감독자로 삼고 하나님이 자기 피로 사신
교회를 보살피게 하셨습니다(행20:28).

요20:21 "예수께서 또 이르시되 너희에게 평강이 있을지어다 아버
지께서 나를 보내신 것같이 나도 너희를 보내노라."

계1:20 "네가 본 것은 내 오른손의 일곱 별의 비밀과 또 일곱 금
촛대라 일곱 별은 일곱 교회의 사자요 일곱 금 촛대는 일
곱 교회니라."

계2:1	"에베소교회의 사자에게 편지하라 오른손에 있는 일곱 별을 붙잡고 일곱 금 촛대 사이를 거니시는 이가 이르시되"
행20:28	"여러분은 자기를 위하여 또는 온 양 떼를 위하여 삼가라 성령이 그들 가운데 여러분을 감독자로 삼고 하나님이 자기 피로 사신 교회를 보살피게 하셨느니라."

목회자는 어떠한 자여야 합니까? 목회자(감독)의 직분을 얻으려 함은 선한 일을 사모하는 것이라 함입니다(딤전3:1). 그러므로 목회자는 하나님의 청지기로서 책망할 것이 없으며, 한 아내의 남편이 되며, 제 고집대로 하지 아니하며, 급히 분내지 아니하며, 의로우며, 거룩하며, 절제하며, 신중하며, 단정하며, 나그네를 대접하며, 선행을 좋아하며, 가르치기를 잘하며, 미쁜 말씀의 가르침을 그대로 지키며, 술을 즐기지 아니하며, 구타하지 아니하며, 오직 관용하며, 다투지 아니하며, 돈을 사랑하지 아니하며, 자기 집을 잘 다스려 자녀들로 모든 공손함으로 복종하게 하는 자라야 합니다(딤전3:2-4, 딛1:7-9). 그래서 목회자는 능히 바른 교훈으로 권면하고 거슬러 말하는 자들을 책망할 수 있어야 합니다(딛1:9). 또한 목회자는 그리스도의 고난의 증인이요 나타날 영광에 참여할 자입니다(벧전5:1). 그러므로 목회자는 하나님의 양 무리를 치되 억지로 하지 말고 하나님의 뜻을 따라 자원함으로 하며 더러운 이득을 위하여 하지 말고 기꺼이 하며 맡은 자들에게 주장하는 자세를 하지 말고 양 무리의 본이 되어야 합니다(벧전5:2-3). 그리하면 목자장이신 예수님이 재림하실 때 시들지 아니하는 영광의 면류관을 얻을 것입니다(벧전5:4).

딤전3:1   "미쁘다 이 말이여, 곧 사람이 감독의 직분을 얻으려 함은
            선한 일을 사모하는 것이라 함이로다."

딤전3:2-4   "그러므로 감독은 책망할 것이 없으며 한 아내의 남편이
            되며 절제하며 신중하며 단정하며 나그네를 대접하며 가
            르치기를 잘하며 술을 즐기지 아니하며 구타하지 아니하
            며 오직 관용하며 다투지 아니하며 돈을 사랑하지 아니하
            며 자기 집을 잘 다스려 자녀들로 모든 공손함으로 복종
            하게 하는 자라야 할지며"

딛1:7-9   "감독은 하나님의 청지기로서 책망할 것이 없고 제 고집대
            로 하지 아니하며 급히 분내지 아니하며 술을 즐기지 아
            니하며 구타하지 아니하며 더러운 이득을 탐하지 아니하
            며 오직 나그네를 대접하며 선행을 좋아하며 신중하며 의
            로우며 거룩하며 절제하며 미쁜 말씀의 가르침을 그대로
            지켜야 하리니 이는 능히 바른 교훈으로 권면하고 거슬러
            말하는 자들을 책망하게 하려 함이라."

벧전5:1   "너희 중 장로들에게 권하노니 나는 함께 장로 된 자요 그
            리스도의 고난의 증인이요 나타날 영광에 참여할 자니라."

벧전5:2-3   "너희 중에 있는 하나님의 양 무리를 치되 억지로 하지 말
            고 하나님의 뜻을 따라 자원함으로 하며 더러운 이득을
            위하여 하지 말고 기꺼이 하며 맡은 자들에게 주장하는
            자세를 하지 말고 양 무리의 본이 되라."

벧전5:4   "그리하면 목자장이 나타나실 때에 시들지 아니하는 영광
            의 관을 얻으리라."

목회자에게 어떻게 해야 할까요? 목회자는 주의 사자요 주님께
서 보내신 자입니다. 주님이 보내신 자를 영접하는 자는 주님을 영
접하는 것입니다(요13:20). 그러므로 우리를 인도하는 목회자들에

게 순종하고 복종해야 합니다. 목회자들은 성도들의 영혼을 위하여 경성하기를 자신들이 청산할 자인 것 같이 하기 때문입니다. 그러므로 목회자들로 하여금 즐거움으로 이것을 하게 하고 근심으로 하게 하지 말아야 합니다(히13:17). 그리고 말씀과 가르침에 수고하는 목회자들을 많이 존경할 자로 알아야 합니다(딤전5:17). 또한 가르침을 받는 자는 말씀을 가르치는 자와 모든 좋은 것을 함께해야 합니다(갈6:6).

요13:20	"내가 진실로 진실로 너희에게 이르노니 내가 보낸 자를 영접하는 자는 나를 영접하는 것이요 나를 영접하는 자는 나를 보내신 이를 영접하는 것이니라."
히13:17	"너희를 인도하는 자들에게 순종하고 복종하라 그들은 너희 영혼을 위하여 경성하기를 자신들이 청산할 자인 것 같이 하느니라 그들로 하여금 즐거움으로 이것을 하게 하고 근심으로 하게 하지 말라 그렇지 않으면 너희에게 유익이 없느니라."
딤전5:17	"잘 다스리는 장로들은 배나 존경할 자로 알되 말씀과 가르침에 수고하는 이들에게는 더욱 그리할 것이니라."
갈6:6	"가르침을 받는 자는 말씀을 가르치는 자와 모든 좋은 것을 함께하라."

마귀는 목회자(주의 사자)를 대적하게 합니다. 사도 바울이 에베소에서 복음을 전할 때 구리 세공업자 알렉산더가 바울의 말을 심히 대적하여 해를 많이 입혔습니다(딤후4:14-15). 디오드레베는 으

뜸 되기를 좋아하여 사도들을 맞아들이지 아니하고 악한 말로 사도들을 비방하고도 오히려 부족하여 전도자들을 맞아들이지도 아니하고 맞아들이고자 하는 자를 금하여 교회에서 내쫓았습니다(요삼1:9-10).

> 딤후4:14-15 "구리 세공업자 알렉산더가 내게 해를 많이 입혔으매 주께서 그 행한 대로 그에게 갚으시리니 너도 그를 주의하라 그가 우리 말을 심히 대적하였느니라."

> 요삼1:9-10 "내가 두어 자를 교회에 썼으나 그들 중에 으뜸되기를 좋아하는 디오드레베가 우리를 맞아들이지 아니하니 그러므로 내가 가면 그 행한 일을 잊지 아니하리라 그가 악한 말로 우리를 비방하고도 오히려 부족하여 형제들을 맞아들이지도 아니하고 맞아들이고자 하는 자를 금하여 교회에서 내쫓는도다."

마귀는 목회자(주의 사자)를 대적하는 자들을 세웁니다. 하나님이 보내시지 아니한 자들이 있습니다. 하나님께서 선지자 예레미야를 보내셨을 때 하나님이 그들을 보내지 아니하셨어도 달음질하며 하나님이 그들에게 이르지 아니하셨어도 예언하는 거짓 선지자들이 있었습니다(렘23:21). 하나님이 보내지 아니하신 선지자 중에 하나냐가 있었으며 그는 백성에게 거짓 것을 믿게 하였습니다(렘28:15). 또한 스마야가 있었는데 그도 예언하고 거짓 것을 믿게 하였습니다(렘29:30-31). 하나님이 보내신 선지자는 하나님의 백성에게 하나님의 말씀을 들려서 그들을 악한 길과 악한 행위에서 돌이키게 합니다(렘23:22).

렘23:21	"이 선지자들은 내가 보내지 아니하였어도 달음질하며 내가 그들에게 이르지 아니하였어도 예언하였은즉"
렘28:15	"선지자 예레미야가 선지자 하나냐에게 이르되 하나냐여 들으라 여호와께서 너를 보내지 아니하셨거늘 네가 이 백성에게 거짓을 믿게 하는도다."
렘29:30-31	"여호와의 말씀이 예레미야에게 임하여 이르시되 너는 모든 포로에게 전언하여 이르기를 여호와께서 느헬람 사람 스마야를 두고 이같이 말씀하셨느니라 내가 그를 보내지 아니하였거늘 스마야가 너희에게 예언하고 거짓을 믿게 하였도다."
렘23:22	"그들이 만일 나의 회의에 참여하였더라면 내 백성에게 내 말을 들려서 그들을 악한 길과 악한 행위에서 돌이키게 하였으리라."

불순종하고 헛된 말을 하며 속이는 자가 많습니다. 이런 자들은 더러운 이득을 취하려고 마땅하지 아니한 것을 가르쳐 가정들을 온통 무너뜨립니다(딛1:10-11). 경건하지 아니하여 하나님의 은혜를 방탕한 것으로 바꾸고 홀로 하나이신 주재 곧 우리 주 예수 그리스도를 부인하는 자들이 교회에 가만히 들어옵니다(유1:4). 이 사람들은 육체를 더럽히며 권위를 업신여기며 영광을 비방합니다(유1:8). 이 사람들은 경건하지 않은 정욕대로 행하며 조롱하는 자들이며 분열을 일으키는 자며 육에 속한 자며 성령이 없는 자입니다(유1:18-19).

딛1:10-11	"불순종하고 헛된 말을 하며 속이는 자가 많은 중 할례파 가운데 특히 그러하니 그들의 입을 막을 것이라 이런 자들이 더러운 이득을 취하려고 마땅하지 아니한 것을 가르쳐 가정들을 온통 무너뜨리는도다."
유1:4	"이는 가만히 들어온 사람 몇이 있음이라 그들은 옛적부터 이 판결을 받기로 미리 기록된 자니 경건하지 아니하여 우리 하나님의 은혜를 도리어 방탕한 것으로 바꾸고 홀로 하나이신 주재 곧 우리 주 예수 그리스도를 부인하는 자니"
유1:8	"그러한데 꿈꾸는 이 사람들도 그와 같이 육체를 더럽히며 권위를 업신여기며 영광을 비방하는도다."
유1:18-19	"그들이 너희에게 말하기를 마지막 때에 자기의 경건하지 않은 정욕대로 행하며 조롱하는 자들이 있으리라 하였나니 이 사람들은 분열을 일으키는 자며 육에 속한 자며 성령이 없는 자니라."

6) 경건의 비밀과 경건한 자를 대적하는 불법의 비밀

구원받은 자들은 하나님의 집(교회)에서 경건하게 행하기에 경건의 비밀입니다(딤전3:15-16). 우리는 경건의 비밀이 큼을 알아야 합니다. 예수 그리스도께서 경건하지 않은 자를 위하여 죽으셨습니다(롬5:6). 일을 아니할지라도 경건하지 아니한 자를 의롭다 하시는 하나님을 믿는 자에게는 그의 믿음을 의로 여기십니다(롬4:5). 그리고 하나님은 우리를 양육하시되 경건하지 않은 것과 이 세상 정욕을 다 버리고 신중함과 의로움과 경건함으로 이 세상에 살게 하십니다(딛2:12). 또한 하나님은 그의 신기한 능력으로 생명과 경건에 속한 모든 것을 우리에게 주십니다(벧후1:3). 하나님에게는 영이 충만하셨으나 오직 하나를 만드신 것은 경건한 자손을 얻고자 하심이었습니다(말2:15).

딤전3:15-16 "만일 내가 지체하면 너로 하여금 하나님의 집에서 어떻게 행하여야 할지를 알게 하려 함이니 이 집은 살아 계신 하나님의 교회요 진리의 기둥과 터니라 크도다 경건의 비밀이여, 그렇지 않다 하는 이 없도다 그는 육신으로 나타난 바 되시고 영으로 의롭다 하심을 받으시고 천사들에게 보이시고 만국에서 전파되시고 세상에서 믿은 바 되시고 영광 가운데서 올려지셨느니라."

롬5:6 "우리가 아직 연약할 때에 기약대로 그리스도께서 경건하지 않은 자를 위하여 죽으셨도다."

롬4:5 "일을 아니할지라도 경건하지 아니한 자를 의롭다 하시는 이를 믿는 자에게는 그의 믿음을 의로 여기시나니"

딛2:12 "우리를 양육하시되 경건하지 않은 것과 이 세상 정욕을 다 버리고 신중함과 의로움과 경건함으로 이 세상에 살고"

벧후1:3 "그의 신기한 능력으로 생명과 경건에 속한 모든 것을 우리에게 주셨으니 이는 자기의 영광과 덕으로써 우리를 부르신 이를 앎으로 말미암음이라."

말2:15 "그에게는 영이 충만하였으나 오직 하나를 만들지 아니하셨느냐 어찌하여 하나만 만드셨느냐 이는 경건한 자손을 얻고자 하심이라 그러므로 네 심령을 삼가 지켜서 어려서 맞이한 아내에게 거짓을 행하지 말지니라."

우리는 경건에 이르러야 합니다. 우리는 경건에 이르도록 우리 자신을 연단해야 합니다(딤전4:7). 경건은 범사에 유익하니 금생과 내생에 약속이 있습니다(딤전4:8). 그러므로 우리는 은혜를 받아 경건함과 두려움으로 하나님을 기쁘시게 섬겨야 합니다(히12:28). 그리고 우리는 거룩한 행실과 경건함으로 하나님의 날이 임하기를 바라보고 간절히 사모해야 합니다(벧후3:11-12).

딤전4:7 "망령되고 허탄한 신화를 버리고 경건에 이르도록 네 자신을 연단하라."

딤전4:8 "육체의 연단은 약간의 유익이 있으나 경건은 범사에 유익하니 금생과 내생에 약속이 있느니라."

히12:28 "그러므로 우리가 흔들리지 않는 나라를 받았은즉 은혜를 받자 이로 말미암아 경건함과 두려움으로 하나님을 기쁘시게 섬길지니"

벧후3:11-12 "이 모든 것이 이렇게 풀어지리니 너희가 어떠한 사람이 되어야 마땅하냐 거룩한 행실과 경건함으로 하나님의 날이 임하기를 바라보고 간절히 사모하라 그 날에 하늘이 불에 타서 풀어지고 물질이 뜨거운 불에 녹아지려니와 "

우리는 경건해야 합니다. 우리는 무엇에든지 경건해야 합니다(빌4:8). 누구든지 경건에 관한 교훈을 따르지 아니하면 그는 교만하여 아무것도 알지 못하고 변론과 언쟁을 좋아하게 됩니다(딤전6:3-4). 하나님은 경건하여 그의 뜻대로 행하는 자의 말을 들으십니다(요9:31). 그리고 주님께서 경건한 자를 시험에서 건지십니다(벧후2:9).

빌4:8	"끝으로 형제들아 무엇에든지 참되며 무엇에든지 경건하며 무엇에든지 옳으며 무엇에든지 정결하며 무엇에든지 사랑 받을 만하며 무엇에든지 칭찬 받을 만하며 무슨 덕이 있든지 무슨 기림이 있든지 이것들을 생각하라."
딤전6:3-4	"누구든지 다른 교훈을 하며 바른 말 곧 우리 주 예수 그리스도의 말씀과 경건에 관한 교훈을 따르지 아니하면 그는 교만하여 아무것도 알지 못하고 변론과 언쟁을 좋아하는 자니 이로써 투기와 분쟁과 비방과 악한 생각이 나며"
요9:31	"하나님이 죄인의 말을 듣지 아니하시고 경건하여 그의 뜻대로 행하는 자의 말을 들으시는 줄을 우리가 아나이다."
벧후2:9	"주께서 경건한 자는 시험에서 건지실 줄 아시고 불의한 자는 형벌 아래에 두어 심판 날까지 지키시며"

마귀는 경건하게 사는 자들을 박해합니다. 그리스도 예수 안에서 경건하게 살고자 하는 자는 박해를 받습니다(딤후3:12). 그리스도의 사도들은 마지막 때에 자기의 경건하지 않은 정욕대로 행하며 조롱하는 자들이 있으리라고 증언하였습니다(유1:18). 경건하지 않은 정욕대로 행하며 경건한 자들을 조롱하는 자들은 분열을 일으키는 자며 육에 속한 자며 성령이 없는 자입니다(유1:19). 가만히 들어와 거짓 교훈을 말하는 자들은 경건하지 아니하여 하나님의 은혜를 도리어 방탕한 것으로 바꾸고 예수 그리스도를 부인하는 자입니다(유1:4). 그리고 망령되고 헛된 말을 하는 자들은 경건하지 아니함에 점점 나아가며 그들의 말은 악성 종양이 퍼져나감과 같이 퍼져나갑니다(딤후2:16-17). 말세에 고통하는 때가 이르는데 사람들

이 경건의 모양은 있으나 경건의 능력은 부인합니다(딤후3:5).

딤후3:12 "무릇 그리스도 예수 안에서 경건하게 살고자 하는 자는 박해를 받으리라."

유1:18 "그들이 너희에게 말하기를 마지막 때에 자기의 경건하지 않은 정욕대로 행하며 조롱하는 자들이 있으리라 하였나니"

유1:19 "이 사람들은 분열을 일으키는 자며 육신에 속한 자며 성령이 없는 자니라."

유1:4 "이는 가만히 들어온 사람 몇이 있음이라 그들은 옛적부터 이 판결을 받기로 미리 기록된 자니 경건하지 아니하여 우리 하나님의 은혜를 도리어 방탕한 것으로 바꾸고 홀로 하나이신 주재 곧 우리 주 예수 그리스도를 부인하는 자니라."

딤후2:16-17 "망령되고 헛된 말을 버리라 그들은 경건하지 아니함에 점점 나아가나니 그들의 말은 악성 종양이 퍼져나감과 같은데 그 중에 후메내오와 빌레도가 있느니라."

딤후3:5 "경건의 모양은 있으나 경건의 능력은 부인하니 이 같은 자들에게서 네가 돌아서라."

하나님이 경건하지 않은 자를 심판하십니다. 하나님의 진노가 불의로 진리를 막는 사람들의 모든 경건하지 않음과 불의에 대하여 하늘로부터 나타납니다(롬1:18). 하나님이 옛 세상을 용서하지 아니하시고 오직 의를 전파하는 노아와 그 일곱 식구를 보존하시고 경건하지 아니한 자들의 세상에 홍수를 내리셨습니다. 또 하나님은 소돔과 고모라 성을 멸하기로 정하여 재가 되게 하셔서 후세에 경건하지 아니할 자들에게 본을 삼으셨습니다(벧후2:5-6).

이제 하늘과 땅은 창조하신 그 동일한 말씀으로 불사르기 위하여 보호하신 바 되어 경건하지 아니한 사람들의 심판과 멸망의 날까지 보존하여 두신 것입니다(벧후3:7). 예수님이 뭇 사람을 심판하사 모든 경건하지 않은 자가 경건하지 않게 행한 모든 경건하지 않은 일과 또 경건하지 않은 죄인들이 주를 거슬러 한 모든 완악한 말로 말미암아 그들을 정죄하려고 재림하실 것입니다(유1:14-15). 경건하지 않은 사람들은 원망하는 자며 불만을 토하는 자며 그 정욕대로 행하는 자입니다. 경건하지 않은 사람들은 그 입으로 자랑하는 말을 하며 이익을 위하여 아첨합니다(유1:16).

롬1:18　　　“하나님의 진노가 불의로 진리를 막는 사람들의 모든 경건하지 않음과 불의에 대하여 하늘로부터 나타나나니”

벧후2:5-6　“옛 세상을 용서하지 아니하시고 오직 의를 전파하는 노아와 그 일곱 식구를 보존하시고 경건하지 아니한 자들의 세상에 홍수를 내리셨으며 소돔과 고모라 성을 멸망하기로 정하여 재가 되게 하사 후세에 경건하지 아니할 자들에게 본을 삼으셨으며”

벧후3:7　　 “이제 하늘과 땅은 그 동일한 말씀으로 불사르기 위하여 보호하신 바 되어 경건하지 아니한 사람들의 심판과 멸망의 날까지 보존하여 두신 것이니라.”

유1:14-15　“아담의 칠대 손 에녹이 이 사람들에 대하여도 예언하여 이르되 보라 주께서 그 수만의 거룩한 자와 함께 임하셨

나니 이는 뭇 사람을 심판하사 모든 경건하지 않은 자가
경건하지 않게 행한 모든 경건하지 않은 일과 또 경건하
지 않은 죄인들이 주를 거슬러 한 모든 완악한 말로 말미
암아 그들을 정죄하려 하심이라 하였느니라."

유1:16　　"이 사람들은 원망하는 자며 불만을 토하는 자며 그 정욕
대로 행하는 자라 그 입으로 자랑하는 말을 하며 이익을
위하여 아첨하느니라."

7) 부활의 비밀과 부활을 대적하는 불법의 비밀

예수 그리스도를 복음으로 듣고 믿어 구원을 받아 교회에 속하
여 목회자(주의 사자)의 가르침을 받으며 경건하게 행하는 자는 첫
째 부활에 참여하기에 부활의 비밀입니다. 부활의 비밀은 우리가
다 잠 잘 것이 아니요 예수님이 재림하실 때 마지막 나팔에 순식간
에 홀연히 다 변화되는 것입니다. 즉 나팔소리가 나매 죽은 자들이
썩지 아니할 것으로 다시 살아나고 우리도 변화될 것입니다(고전
15:51-52). 예수님이 재림하실 때 부활하는 것을 첫째 부활이라고
합니다. 첫째 부활에 참여하는 자들은 복이 있고 거룩합니다, 첫째
부활에 참여하는 자들은 둘째 사망이 그들을 다스리는 권세가 없고
하나님과 그리스도의 제사장이 되어 천년왕국에서 그리스도와 더
불어 왕 노릇 할 것입니다(계20:6).

　고전15:51-52 "보라 내가 너희에게 비밀을 말하노니 우리가 다 잠 잘
것이 아니요 마지막 나팔에 순식간에 홀연히 다 변화되리
니 나팔소리가 나매 죽은 자들이 썩지 아니할 것으로 다

시 살아나고 우리도 변화되리라."

계20:6   "이 첫째 부활에 참여하는 자들은 복이 있고 거룩하도다 둘째 사망이 그들을 다스리는 권세가 없고 도리어 그들이 하나님과 그리스도의 제사장이 되어 천 년 동안 그리스도와 더불어 왕 노릇 하리라."

의인과 악인의 부활이 있습니다. 우리가 기다리는 바 하나님께 향한 소망은 의인과 악인의 부활이 있다는 것입니다(행24:15). 무덤 속에 있는 자가 다 예수 그리스도의 음성을 들을 때가 오며, 선한 일을 행한 자는 생명의 부활로, 악한 일을 행한 자는 심판의 부활로 나옵니다(요5:28-29). 그리스도께서 죽은 자 가운데서 다시 살아나셨다 전파되었습니다. 그런데 만일 죽은 자의 부활이 없으면 그리스도도 다시 살지 못하셨을 것입니다(고전15:12-13). 그리스도께서 죽은 자 가운데서 다시 살아나사 잠자는 자들의 첫 열매가 되셨으며 죽은 자의 부활도 한 사람 예수 그리스도로 말미암습니다(고전15:20-21). 우리는 부활의 자녀로서 하나님의 자녀입니다(눅20:36).

행24:15   "그들이 기다리는 바 하나님께 향한 소망을 나도 가졌으니 곧 의인과 악인의 부활이 있으리라 함이니이다."

요5:28-29 "이를 놀랍게 여기지 말라 무덤 속에 있는 자가 다 그의 음성을 들을 때가 오나니 선한 일을 행한 자는 생명의 부활로, 악한 일을 행한 자는 심판의 부활로 나오리라."

고전15:12-13 "그리스도께서 죽은 자 가운데서 다시 살아나셨다 전파
되었거늘 너희 중에서 어떤 사람들은 어찌하여 죽은 자
가운데서 부활이 없다 하느냐 만일 죽은 자의 부활이 없
으면 그리스도도 다시 살지 못하셨으리라."

고전15:20-21 "그러나 이제 그리스도께서 죽은 자 가운데서 다시 살아
나사 잠자는 자들의 첫 열매가 되셨도다 사망이 한 사람
으로 말미암았으니 죽은 자의 부활도 한 사람으로 말미암
는도다."

눅20:36 "그들은 다시 죽을 수도 없나니 이는 천사와 동등이요 부
활의 자녀로서 하나님의 자녀임이라."

마귀는 부활을 부인하게 합니다. 사두개인들은 부활도 없고 천사
도 없고 영도 없다고 하였습니다(행23:8). 그리고 부활이 없다 하는
사두개인들이 예수님을 시험하였습니다(마22:23). 그들은 성경도,
하나님의 능력도 알지 못하는 고로 오해하였습니다(마22:29). 진리
에 관하여 그릇된 자들은 부활이 이미 지나갔다 함으로 사람들의
믿음을 무너뜨립니다(딤후2:18).

행23:8 "이는 사두개인은 부활도 없고 천사도 없고 영도 없다 하
고 바리새인은 다 있다 함이라."

마22:23 "부활이 없다 하는 사두개인들이 그 날 예수께 와서 물어
이르되"

마22:29 "예수께서 대답하여 이르시되 너희가 성경도, 하나님의 능
력도 알지 못하는 고로 오해하였도다."

딤후2:18   "진리에 관하여는 그들이 그릇되었도다 부활이 이미 지나
           갔다 함으로 어떤 사람들의 믿음을 무너뜨리느니라."

2. 마귀의 존재의 비밀

마귀에 대해서 우리에게 가장 중요한 것은 마귀를 이기는 것입니다. 그런데 우리가 마귀를 이기기 위해서는 마귀를 알아야 합니다. 그래서 하나님은 마귀가 어떤 존재인가를 말씀해 주셨습니다.

천사장 중에 루시엘(루시퍼) 천사가 있었는데 이 루시엘 천사가 타락(범죄)하여 사탄(마귀)이 되었습니다. 루시퍼는 광명의 천사였는데 타락하여(하나님을 대적하여) 사탄이 되었습니다. 그래서 사탄은 자기를 광명의 천사로 가장합니다(고후11:14).

사14:12에서 계명성(Lucifer)은 사탄(마귀)을 말하며 그는 하늘에서 떨어졌습니다. 범죄한 마귀는 하늘에서 미가엘과 싸웠으나 이기지 못하고 땅으로 내쫓겼습니다. 그런데 마귀가 내쫓길 때 그와 함께 범죄한 천사들도 함께 내쫓겼습니다(계12:7-9). 마귀와 악한 영들은 패배자요 도망자입니다. 하나님은 자기 지위를 지키지 아니하고 자기 처소를 떠난 천사들을 흑암에 가두셨습니다(유1:6). 하나님이 범죄한 천사들을 용서하지 아니하셨습니다(벧후2:4). 자기 지위를 지키지 아니하고 자기 처소를 떠난 천사들이 악한 영들입니다.

고후11:14	"이것은 이상한 일이 아니니라 사탄도 자기를 광명의 천사로 가장하나니"
사14:12	"너 아침의 아들 계명성이여 어찌 그리 하늘에서 떨어졌으며 너 열국을 엎은 자여 어찌 그리 땅에 찍혔는고"
계12:7-9	"하늘에 전쟁이 있으니 미가엘과 그의 사자들이 용과 더불어 싸울새 용과 그의 사자들도 싸우나 이기지 못하여 다시 하늘에서 그들이 있을 곳을 얻지 못한지라 큰 용이 내쫓기니 옛 뱀 곧 마귀라고도 하고 사탄이라고도 하며 온 천하를 꾀는 자라 그가 땅으로 내쫓기니 그의 사자들도 그와 함께 내쫓기니라."
유1:6	"또 자기 지위를 지키지 아니하고 자기 처소를 떠난 천사들을 큰 날의 심판까지 영원한 결박으로 흑암에 가두셨으며"
벧후2:4	"하나님이 범죄한 천사들을 용서하지 아니하시고 지옥에 던져 어두운 구덩이에 두어 심판 때까지 지키게 하셨으며"

마귀는 어떤 자인가요? 마귀는 가장 악하고, 가장 더럽고, 가장 가증스러운 자입니다.

1) 마귀는 사탄이요, 용이요, 옛 뱀이라고 부르는 자입니다.

마귀는 용이라고도 하고 옛 뱀이라고도 하고 사탄이라고도 합니다.

계12:9	"큰 용이 내쫓기니 옛 뱀 곧 마귀라고도 하고 사탄이라고도 하며 온 천하를 꾀는 자라 그가 땅으로 내쫓기니 그의

사자들도 그와 함께 내쫓기니라."

계20:2 　　"용을 잡으니 곧 옛 뱀이요 마귀요 사탄이라 잡아서 천 년
　　　　　동안 결박하여"

2) 마귀는 처음부터 범죄한 자요 거짓말쟁이요 살인자입니다.

마귀는 처음부터 범죄한 자입니다(요일3:8). 또한 마귀는 처음부
터 살인한 자입니다. 그리고 마귀는 진리가 그 속에 없으므로 진리
에 서지 못하고 거짓을 말하는 거짓말쟁이요 거짓의 아비가 된 자
입니다(요8:44).

요일3:8 　　"죄를 짓는 자는 마귀에게 속하나니 마귀는 처음부터 범죄
　　　　　함이라 하나님의 아들이 나타나신 것은 마귀의 일을 멸하
　　　　　려 하심이라."

요8:44 　　"너희는 너희 아비 마귀에게서 났으니 너희 아비의 욕심대
　　　　　로 너희도 행하고자 하느니라. 그는 처음부터 살인한 자
　　　　　요 진리가 그 속에 없으므로 진리에 서지 못하고 거짓을
　　　　　말할 때마다 제 것으로 말하나니 이는 그가 거짓말쟁이요
　　　　　거짓의 아비가 되었음이라."

3) 마귀는 사망의 세력을 잡은 자입니다.

마귀는 사망의 세력을 잡은 자입니다. 그래서 사람들은 죽기를
무서워하므로 한평생 매여 마귀의 종노릇을 합니다.

히2:14-15 　　"자녀들은 혈과 육에 속하였으매 그도 또한 한 모양으로
　　　　　　혈과 육을 함께 지니심은 죽음을 통하여 죽음의 세력을

잡은 자 곧 마귀를 멸하시며 또 죽기를 무서워하므로 한 평생 매여 종 노릇 하는 모든 자들을 놓아 주려 하심이니"

4) 마귀는 공중의 권세를 잡은 자입니다.

마귀는 공중의 권세를 잡은 자입니다. 그리고 마귀는 이 세상 풍조를 따르는 불순종의 아들들 가운데서 역사하는 영입니다.

> 엡2:2 "그 때에 너희는 그 가운데서 행하여 이 세상 풍조를 따르고 공중의 권세 잡은 자를 따랐으니 곧 지금 불순종의 아들들 가운데서 역사하는 영이라."

5) 마귀는 이 세상 신입니다.

마귀는 이 세상의 신입니다. 그래서 마귀는 믿지 아니하는 자들의 마음을 혼미하게 하여 그리스도의 영광의 복음의 광채가 비치지 못하게 합니다.

> 고후4:4 "그 중에 이 세상의 신이 믿지 아니하는 자들의 마음을 혼미하게 하여 그리스도의 영광의 복음의 광채가 비치지 못하게 함이니 그리스도는 하나님의 형상이니라."

6) 마귀는 이 세상 임금입니다.

마귀는 이 세상 임금입니다. 예수님은 마귀를 이 세상 임금이라고 하셨습니다(요14:30). 그러므로 온 세상은 악한 자 마귀 안에 처하였습니다(요일5:19). 그리고 세상적이고 정욕적이고 마귀적인 것은 같은 것입니다(약3:15).

요14:30	"이 후에는 내가 너희와 말을 많이 하지 아니하리니 이 세상의 임금이 오겠음이라 그러나 그는 내게 관계할 것이 없으니"
요일5:19	"또 아는 것은 우리는 하나님께 속하고 온 세상은 악한 자 안에 처한 것이며"
약3:15	"이러한 지혜는 위로부터 내려온 것이 아니요 땅 위의 것(세상적)이요 정욕의 것(정욕적)이요 귀신의 것(마귀적)이니"

7) 마귀는 온 천하를 꾀는 자입니다.

하늘에서 땅으로 내어 쫓긴 마귀는 온 천하를 꾀는 자입니다.

계12:9	"큰 용이 내쫓기니 옛 뱀 곧 마귀라고도 하고 사탄이라고도 하며 온 천하를 꾀는 자라 그가 땅으로 내쫓기니 그의 사자들도 그와 함께 내쫓기니라."

8) 마귀는 참소하던 자입니다.

마귀는 하나님 앞에서 성도들을 밤낮 참소하던 자입니다(계 12:10). 마귀(사탄)는 욥을 참소하였습니다(욥1:9-11).

계12:10	"내가 또 들으니 하늘에 큰 음성이 있어 이르되 이제 우리 하나님의 구원과 능력과 나라와 또 그의 그리스도의 권세가 나타났으니 우리 형제들을 참소하던 자 곧 우리 하나님 앞에서 밤낮 참소하던 자가 쫓겨났고"
욥1:9-11	"사탄이 여호와께 대답하여 이르되 욥이 어찌 까닭 없이

하나님을 경외하리이까 주께서 그와 그의 집과 그의 모든 소유물을 울타리로 두르심 때문이 아니니이까 주께서 그의 손으로 하는 바를 복되게 하사 그의 소유물이 땅에 넘치게 하셨음이니이다 이제 주의 손을 펴서 그의 모든 소유물을 치소서 그리하시면 틀림없이 주를 향하여 욕하지 않겠나이까."

9) 마귀는 대적자입니다.

마귀는 성도들의 대적입니다. 우리의 대적인 마귀는 우는 사자 같이 두루 다니며 삼킬 자를 찾습니다(벧전5:8). 사탄이 이스라엘을 대적하고 다윗을 충동하여 이스라엘을 계수하게 함으로 범죄하게 하였습니다(대상21:1) 또한 사탄은 대제사장 여호수아를 대적하였습니다(슥3:1).

벧전5:8 "근신하라 깨어라 너희 대적 마귀가 우는 사자같이 두루 다니며 삼킬 자를 찾나니"

대상21:1 "사탄이 일어나 이스라엘을 대적하고 다윗을 충동하여 이스라엘을 계수하게 하니라."

슥3:1 "대제사장 여호수아는 여호와의 천사 앞에 섰고 사탄은 그의 오른쪽에 서서 그를 대적하는 것을 여호와께서 내게 보이시니라."

3. 마귀가 하는 일의 비밀

우리가 마귀를 이기기 위해서는 마귀가 하는 일을 알아야 합니다. 그러면 하늘에서 범죄하고 땅으로 내쫓긴 마귀는 땅에서 무슨 일을 할까요? 마귀는 사람을 죽이고 멸망시키려고 왔습니다(요 10:10). 그래서 마귀는 사람을 죽이고 멸망시키는 일을 합니다. 또한 마귀는 사람으로 죄를 짓게 합니다(요일3:8). 그리고 마귀는 사람을 누르고 매어 고통을 줍니다(행10:38, 눅13:16). 사탄에게 매인한 여자는 18년 동안이나 귀신 들려 앓으며 꼬부라져 조금도 펴지 못하였습니다. 예수님께서 보시고 불러 이르시되 "여자여 네가 네 병에서 놓였다" 하시고 안수하시니 여자가 곧 펴고 하나님께 영광을 돌렸습니다(눅13:11-13).

요10:10	"도둑이 오는 것은 도둑질하고 죽이고 멸망시키려는 것뿐이요 내가 온 것은 양으로 생명을 얻게 하고 더 풍성히 얻게 하려는 것이라."
요일3:8	"죄를 짓는 자는 마귀에게 속하나니 마귀는 처음부터 범죄함이라 하나님의 아들이 나타나신 것은 마귀의 일을 멸하려 하심이라."
행10:38	"하나님이 나사렛 예수에게 성령과 능력을 기름 붓듯 하셨으매 그가 두루 다니시며 선한 일을 행하시고 마귀에게 눌린 모든 사람을 고치셨으니 이는 하나님이 함께하셨음이라."
눅13:16	"그러면 열여덟 해 동안 사탄에게 매인 바 된 이 아브라함의 딸을 안식일에 이 매임에서 푸는 것이 합당하지 아니

하냐."

눅13:11-13 "열여덟 해 동안이나 귀신 들려 앓으며 꼬부라져 조금도
펴지 못하는 한 여자가 있더라 예수께서 보시고 불러 이
르시되 여자여 네가 네 병에서 놓였다 하시고 안수하시니
여자가 곧 펴고 하나님께 영광을 돌리는지라."

마귀는 불신자에게도 역사하고 믿는 자에게도 역사합니다.

1) 마귀는 불신자에게 역사합니다.

마귀는 불신자에게 역사합니다. 마귀는 가라지를 심습니다(마
13:39). 가라지는 마귀의 자녀들이며 불신자들입니다. 그리고 마귀
는 불순종의 아들들 가운데 역사하여 이 세상 풍조를 따르게 합니
다(엡2:2). 불순종의 아들들은 불신자들이며 이 세상 풍조를 따르
고 마귀를 따르는 자들입니다. 또 마귀는 이 세상 신인데 믿지 아니
하는 자들의 마음을 혼미하게 하여 그리스도의 영광의 복음의 광채
가 비치지 못하게 합니다(고후4:4). 왜냐하면 그리스도는 하나님의
형상이기 때문입니다. 또한 마귀는 불신자들에게 제사를 받습니다.
불신자들은 하나님께 제사하지 아니하고 마귀에게 제사합니다(신
32:17). 불신자들이 죽은 자에게 제사하는 것은 마귀와 연합한 것
이요 마귀에게 제사하는 것입니다(시106:28).

마13:39   "가라지를 뿌린 원수는 마귀요 추수 때는 세상 끝이요 추
수꾼은 천사들이니"

엡2:2   "그 때에 너희는 그 가운데서 행하여 이 세상 풍조를 따르고 공중의 권세 잡은 자를 따랐으니 곧 지금 불순종의 아들들 가운데서 역사하는 영이라."

고후4:4   "그 중에 이 세상의 신이 믿지 아니하는 자들의 마음을 혼미하게 하여 그리스도의 영광의 복음의 광채가 비치지 못하게 함이니 그리스도는 하나님의 형상이니라."

신32:17   "그들은 하나님께 제사하지 아니하고 귀신들(마귀)에게 하였으니 곧 그들이 알지 못하던 신들, 근래에 들어온 새로운 신들 너희의 조상들이 두려워하지 아니하던 것들이로다."

시106:28-29 "그들이 또 브올의 바알과 연합하여 죽은 자에게 제사한 음식을 먹어서 그 행위로 주를 격노하게 함으로써 재앙이 그들 중에 크게 유행하였도다."

2) 마귀는 믿는 자에게도 역사합니다.

마귀는 자기를 광명의 천사로 가장하여 성도들을 미혹합니다(고후11:14). 또 마귀는 거짓 그리스도들과 거짓 선지자들에게 역사하여 큰 표적과 기사를 보이게 하여 하나님께서 택하신 성도라도 미혹하게 합니다(마24:24). 그리고 마귀는 믿어 구원을 얻지 못하게 하려고 말씀을 들을 때 그 마음에서 말씀을 빼앗습니다(눅8:12). 또 마귀는 성도들의 믿음이 떨어지게 하려고 밀 까부르듯 합니다(눅22:31-32). 사탄은 베드로를 밀 까부르듯 하려고 청구하였습니다. 그러나 예수님은 베드로를 위하여 믿음이 떨어지지 않기를 기도하셨습니다. 또 마귀는 성도들을 시험합니다(계2:10). 그리고 마귀는 성도들이 주의 일을 하는 것을 막고 방해합니다(살전2:18). 마귀는 성도들을 올무에 빠지게 합니다(딤전3:7). 또 마귀는 분을 품을 때 틈을 탑니다(엡4:26-27). 그리고 마귀는 두루 다니며 삼킬 자를 찾습니다(벧전5:8).

고후11:14	"이것은 이상한 일이 아니니라 사탄도 자기를 광명의 천사로 가장하나니"
마24:24	"거짓 그리스도들과 거짓 선지자들이 일어나 큰 표적과 기사를 보여 할 수만 있으면 택하신 자들도 미혹하리라."
눅8:12	"길 가에 있다는 것은 말씀을 들은 자니 이에 마귀가 가서 그들이 믿어 구원을 얻지 못하게 하려고 말씀을 그 마음에서 빼앗는 것이요."
눅22:31-32	"시몬아, 시몬아, 보라 사탄이 너희를 밀 까부르듯 하려고 요구하였으나 그러나 내가 너를 위하여 네 믿음이 떨어지지 않기를 기도하였노니 너는 돌이킨 후에 네 형제를 굳게 하라."
계2:10	"너는 장차 받을 고난을 두려워하지 말라 볼지어다 마귀가 장차 너희 가운데에서 몇 사람을 옥에 던져 시험을 받게 하리니 너희가 십 일 동안 환난을 받으리라 네가 죽도록 충성하라 그리하면 내가 생명의 면류관을 네게 주리라."
살전2:18	"그러므로 나 바울은 한 번 두 번 너희에게 가고자 하였으나 사탄이 우리를 막았도다."
딤전3:7	"또한 외인에게서도 선한 증거를 얻은 자라야 할지니 비방과 마귀의 올무에 빠질까 염려하라."
엡4:26-27	"분을 내어도 죄를 짓지 말며 해가 지도록 분을 품지 말고 마귀에게 틈을 주지 말라."

벧전5:8   "근신하라 깨어라 너희 대적 마귀가 우는 사자같이 두루
다니며 삼킬 자를 찾나니"

4. 마귀의 장래 비밀

마귀는 장차 어떤 일을 하며 어떻게 될까요? 마귀는 사람들로 범죄하게 하는 일을 멸망할 때까지 계속합니다. 그리고 마귀는 대환난의 때에 교회와 성도들을 핍박합니다. 그리고 마귀는 예수님이 재림하신 후에 일천 년 동안 무저갱에 갇힙니다. 그리고 마귀는 천년이 차매 무저갱에서 놓여나와 땅의 사방 백성을 미혹하고 모아 성도들과 싸움을 붙입니다. 그리고 마귀는 결국 불과 유황 못에 던져집니다.

1) 마귀는 불신자들에게 크게 분낼 것입니다.

마귀는 불신자들로 범죄하게 하는 일을 계속할 것입니다. 그리고 마귀는 자기의 때가 얼마 못 된 줄을 알므로 불신자들에게 크게 분낼 것입니다(계12:12).

계12:12   "그러므로 하늘과 그 가운데 거하는 자들은 즐거워하라 그
러나 땅과 바다는 화 있을진저 이는 마귀가 자기의 때가
얼마 남지 않은 줄을 알므로 크게 분내어 너희에게 내려
갔음이라."

2) 마귀는 대환난의 때에 교회와 성도들을 핍박합니다.

　마귀는 대환난 전 삼 년 반 동안 교회를 핍박합니다(계12:13). 또한 마귀는 대환난 후 삼 년 반 동안에는 멸망의 아들이요 불법의 사람인 짐승에게 자기의 능력과 보좌와 권세를 주어 성도들을 핍박합니다(계13:2). 마귀에게 권세를 받은 짐승은 성도들과 싸워 이기게 되며 각 족속과 백성과 방언과 나라를 다스리게 됩니다(계13:7). 또한 마귀에게 권세를 받은 거짓 선지자는 짐승의 우상을 만들고 그 짐승의 우상에게 경배하지 아니하는 자는 몇이든지 죽이게 합니다(계13:15).

계12:13　　"용이 자기가 땅으로 내쫓긴 것을 보고 남자를 낳은 여자를 박해하는지라."

계13:2　　"내가 본 짐승은 표범과 비슷하고 그 발은 곰의 발 같고 그 입은 사자의 입 같은데 용이 자기의 능력과 보좌와 큰 권세를 그에게 주었더라."

계13:7　　"또 권세를 받아 성도들과 싸워 이기게 되고 각 족속과 백성과 방언과 나라를 다스리는 권세를 받으니"

계13:15　　"그가 권세를 받아 그 짐승의 우상에게 생기를 주어 그 짐승의 우상으로 말하게 하고 또 짐승의 우상에게 경배하지 아니하는 자는 몇이든지 다 죽이게 하더라."

3) 마귀는 예수님이 재림하신 후에 일천 년 동안 무저갱에 갇히게 됩니다.

　마귀는 대환난 때에 교회와 성도들을 핍박하다가 예수님이 재림하신 후에 일천 년 동안 무저갱에 갇히게 됩니다. 마귀는 무저갱의 열쇠와 큰 쇠사슬을 그 손에 가지고 하늘로서 내려오는 천사에게 잡혀 일천 년 동안 무저갱에 던져져 갇히게 됩니다. 그리고 마귀는 그 천 년이 차도록 다시는 만국을 미혹하지 못합니다(계20:1-3)

계20:1-3 "또 내가 보매 천사가 무저갱의 열쇠와 큰 쇠사슬을 그의 손에 가지고 하늘로부터 내려와서 용을 잡으니 곧 옛 뱀이요 마귀요 사탄이라 잡아서 천 년 동안 결박하여 무저갱에 던져 넣어 잠그고 그 위에 인봉하여 천 년이 차도록 다시는 만국을 미혹하지 못하게 하였는데 그 후에는 반드시 잠깐 놓이리라."

4) 마귀는 결국 불과 유황 못(지옥)에 던져집니다.

무저갱에 갇힌 마귀는 천 년이 차매 그 옥에서 나와 사방 백성을 미혹하고 모아 성도들과 싸움을 붙일 것입니다(계20:7-8). 이때 하늘에서 불이 내려와 저희를 소멸할 것입니다(계20:9). 이것이 불 심판입니다. 그리고 저희를 미혹한 마귀는 불과 유황 못에 던져집니다(계20:10). 불과 유황 못은 마귀와 그 사자들을 위하여 예비된 곳입니다(마25:41).

계20:7-8 "천 년이 차매 사탄이 그 옥에서 놓여 나와서 땅의 사방 백성 곧 곡과 마곡을 미혹하고 모아 싸움을 붙이리니 그 수가 바다 모래 같으리라."

계20:9 "그들이 지면에 널리 퍼져 성도들의 진과 사랑하시는 성을 두르매 하늘에서 불이 내려와 그들을 태워버리고"

계20:10 　"또 그들을 미혹하는 마귀가 불과 유황 못에 던져지니 거기는 그 짐승과 거짓 선지자도 있어 세세토록 밤낮 괴로움을 받으리라."

마25:41 　"또 왼편에 있는 자들에게 이르시되 저주를 받은 자들아 나를 떠나 마귀와 그 사자들을 위하여 예비된 영원한 불에 들어가라."

5. 마귀에게 속한 자의 비밀

마13장의 씨 뿌리는 비유에서 주인이 밭에 좋은 씨를 뿌린 후에 사람들이 잘 때에 원수가 와서 곡식 가운데 가라지를 덧뿌리고 갔습니다. 씨 뿌리는 비유에서 밭은 세상이요 좋은 씨는 천국의 아들들이요 가라지는 악한 자의 아들들입니다. 그리고 가라지를 심은 원수는 마귀입니다(마13:38-39). 이렇게 세상에는 하나님의 자녀들과 마귀의 자녀들이 드러(나타)납니다(요일3:10).

마13:38-39 "밭은 세상이요 좋은 씨는 천국의 아들들이요 가라지는 악한 자의 아들들이요 가라지를 뿌린 원수는 마귀요 추수 때는 세상 끝이요 추수꾼은 천사들이니"

요일3:10 　"이러므로 하나님의 자녀들과 마귀의 자녀들이 드러나나니 무릇 의를 행하지 아니하는 자나 또는 그 형제를 사랑하지 아니하는 자는 하나님께 속하지 아니하니라."

1) 죄를 짓는 자는 마귀에게 속합니다.

죄를 짓는 자는 마귀에게 속합니다(요일3:8). 그런데 모든 사람이
죄를 범하였습니다(롬3:23). 그러므로 하나님의 은혜로 구원을 받
기 전의 모든 사람은 마귀에게 속합니다. 구원 받기 전에는 우리도
마귀를 따랐습니다(엡2:2). 구원 받은 우리는 사탄의 권세에서 하
나님께로 돌아왔습니다(행26:18). 우리는 영혼의 목자와 감독 되신
예수님에게 돌아왔습니다(벧전2:25). 예수님을 믿는 것은 회개하고
예수님께로 돌아오는 것이며(행11:21), 살아 계신 하나님께로 돌아
와(행14:12), 회개에 합당한 일을 하는 것입니다(행26:20).

요일3:8   "죄를 짓는 자는 마귀에게 속하나니 마귀는 처음부터 범죄
함이라 하나님의 아들이 나타나신 것은 마귀의 일을 멸하
려 하심이라."

롬3:23   "모든 사람이 죄를 범하였으매 하나님의 영광에 이르지 못
하더니"

엡2:2   "그 때에 너희는 그 가운데서 행하여 이 세상 풍조를 따르
고 공중의 권세 잡은 자를 따랐으니 곧 지금 불순종의 아
들들 가운데서 역사하는 영이라."

행26:18   "그 눈을 뜨게 하여 어둠에서 빛으로, 사탄의 권세에서 하
나님께로 돌아오게 하고 죄 사함과 나를 믿어 거룩하게
된 무리 가운데서 기업을 얻게 하리라 하더이다."

벧전2:25   "너희가 전에는 양과 같이 길을 잃었더니 이제는 너희 영
혼의 목자와 감독 되신 이에게 돌아왔느니라."

행11:21   "주의 손이 그들과 함께 하시매 수많은 사람들이 믿고 주

께 돌아오더라."

행14:12 "이르되 여러분이여 어찌하여 이러한 일을 하느냐 우리도 여러분과 같은 성정을 가진 사람이라 여러분에게 복음을 전하는 것은 이런 헛된 일을 버리고 천지와 바다와 그 가운데 만물을 지으시고 살아 계신 하나님께로 돌아오게 함이라."

행26:20 "먼저 다메섹과 예루살렘에 있는 사람과 유대 온 땅과 이방인에게까지 회개하고 하나님께로 돌아와서 회개에 합당한 일을 하라 전하므로"

가룟 유다는 마귀에게 속한 자였습니다(요6:70). 마귀는 유다의 마음에 예수님을 팔려는 생각을 넣었습니다(요13:2). 그리고 마귀가 유다에게 들어갔습니다(요13:27). 그래서 유다는 예수님을 팔았습니다. 아나니아는 사탄이 그 마음에 가득하였습니다. 그래서 아나니아는 성령을 속이고 땅을 판 값 얼마를 감추었습니다(행5:3). 그런데 가룟 유다는 예수님의 열두 제자 중에 있었으며 아나니아는 믿는 자 중에 있었습니다.

요6:70 "예수께서 대답하시되 내가 너희 열둘을 택하지 아니하였느냐 그러나 너희 중의 한 사람은 마귀니라 하시니"

요13:2 "마귀가 벌써 시몬의 아들 가룟 유다의 마음에 예수를 팔려는 생각을 넣었더라."

요13:27 "조각을 받은 후 곧 사탄이 그 속에 들어간지라 이에 예수께서 유다에게 이르시되 네가 하는 일을 속히 하라 하시니"

행5:3   "베드로가 이르되 아나니아야 어찌하여 사탄이 네 마음에
가득하여 네가 성령을 속이고 땅 값 얼마를 감추었느냐."

2) 자칭 유대인이라 하나 마귀에게 속한 자들이 있었습니다.

자칭 유대인이라 하나 사탄의 회(무리)가 있었습니다. 그들은 교
회를 비방(훼방)하였습니다. 그들은 실상은 유대인이 아니요 사탄
의 회당이었습니다(계2:9). 그들은 거짓말하는 자들이었습니다(계
3:9). 이 유대인들은 그 아비 마귀에게서 났습니다. 그래서 그들은
그 아비의 욕심을 행하고자 하였습니다(요8:44). 마귀의 욕심을 행
하고자 하는 자들은 마귀에게 속한 자들입니다.

계2:9   "내가 네 환난과 궁핍을 알거니와 실상은 네가 부요한 자
니라 자칭 유대인이라 하는 자들의 비방도 알거니와 실상
은 유대인이 아니요 사탄의 회당이라."

계3:9   "보라 사탄의 회당 곧 자칭 유대인이라 하나 그렇지 아니
하고 거짓말 하는 자들 중에서 몇을 네게 주어 그들로 와
서 네 발 앞에 절하게 하고 내가 너를 사랑하는 줄을 알게
하리라."

요8:44   "너희는 너희 아비 마귀에게서 났으니 너희 아비의 욕심
대로 너희도 행하고자 하느니라 그는 처음부터 살인한 자
요 진리가 그 속에 없으므로 진리에 서지 못하고 거짓을
말할 때마다 제 것으로 말하나니 이는 그가 거짓말쟁이요
거짓의 아비가 되었음이라."

3) 마귀에게 돌아간 자들은 마귀에게 속합니다.

마귀(사탄)에게 돌아간 자들도 있습니다. 그들은 대적 마귀에게 비방할 기회를 준 자들입니다(딤전5:14-15). 또한 사탄에게 내어준 자들도 있습니다(딤전1:19-20). 그들은 착한 양심을 버렸고 그 믿음에 관하여는 파선하였습니다.

> 딤전5:14-15 "그러므로 젊은이는 시집가서 아이를 낳고 집을 다스리고 대적에게 비방할 기회를 조금도 주지 말기를 원하노라 이미 사탄에게 돌아간 자들도 있느니라."

> 딤전1:19-20 "믿음과 착한 양심을 가지라 어떤 이들은 이 양심을 버렸고 그 믿음에 관하여는 파선하였느니라 그 가운데 후메내오와 알렉산더가 있으니 내가 사탄에게 내준 것은 그들로 훈계를 받아 신성을 모독하지 못하게 하려 함이라."

6. 마귀를 이기는 비밀

마귀(사탄)에게 대해서는 우리가 마귀를 이기는 것이 가장 중요합니다. 우리는 마귀를 이겨야 합니다. 우리가 마귀를 이기기 위해서는 마귀를 알아야 하고, 마귀의 하는 일을 알아야 하고, 마귀를 이기는 법을 알아야 합니다. 그래서 하나님께서는 마귀가 어떠한 자인지를 말씀하셨고, 마귀가 하는 일을 말씀하셨고, 마귀를 이기는 법을 말씀하셨습니다. 그러므로 우리는 마귀를 이길 수 있습니다. 하나님께서 우리로 마귀를 이기게 하십니다. 하나님께서 사탄을 우리 발아래 상하게 하십니다(롬16:20). 우리는 예수 그리스도의 피와 하나님의 말씀으로 마귀를 이깁니다(계12:11). 마귀를 이긴 자들은 죽기까지 자기들의 생명을 아끼지 아니하였습니다.

롬16:20   "평강의 하나님께서 속히 사탄을 너희 발 아래에서 상하게 하시리라 우리 주 예수의 은혜가 너희에게 있을지어다."

계12:11   "또 우리 형제들이 어린 양의 피와 자기들이 증언하는 말씀으로써 그를 이겼으니 그들은 죽기까지 자기들의 생명을 아끼지 아니하였도다."

그러면 우리가 마귀를 이기기 위해서는 어떻게 해야 할까요?

1) 마귀(사탄)를 대적해야 합니다.

우리가 마귀를 이기기 위해서는 마귀를 대적해야 합니다. 우리가 마귀를 대적하면 마귀가 우리를 피합니다(약4:7). 우리의 대적 마귀는 우는 사자같이 두루 다니며 삼킬 자를 찾습니다. 그러므로 우리는 믿음을 굳게 하여 마귀를 대적해야 합니다(벧전5:8-9). 그리고 우리는 마귀의 간계를 능히 대적하기 위하여 하나님의 전신갑주를 입어야 합니다(엡6:11).

약4:7   "그런즉 너희는 하나님께 복종할지어다 마귀를 대적하라 그리하면 너희를 피하리라."

벧전5:8-9 "근신하라 깨어라 너희 대적 마귀가 우는 사자같이 두루 다니며 삼킬 자를 찾나니 너희는 믿음을 굳건하게 하여 그를 대적하라 이는 세상에 있는 너희 형제들도 동일한 고난을 당하는 줄을 앎이라."

엡6:11   "마귀의 간계를 능히 대적하기 위하여 하나님의 전신갑주를 입으라."

2) 마귀(사탄)에게 속지 않아야 합니다.

우리가 마귀를 이기기 위해서는 마귀에게 속지 않아야 합니다. 우리가 마귀에게 속지 않기 위해서는 누구든지 무슨 일이든지 그리스도 앞에서 용서해야 합니다(고후2:10-11).

고후2:10-11 "너희가 무슨 일에든지 누구를 용서하면 나도 그리하고 내가 만일 용서한 일이 있으면 용서한 그것은 너희를 위하여 그리스도 앞에서 한 것이니 이는 우리로 사탄에게 속지 않게 하려 함이라 우리는 그 계책을 알지 못하는 바가 아니로라."

3) 마귀가 시험하지 못하게 해야 합니다.

우리가 마귀를 이기기 위해서는 마귀가 우리를 시험하지 못하게 해야 합니다(고전7:5). 마귀가 시험하지 못하게 하려면 마귀로 틈을 타지 못하도록 해야 합니다(엡4:26-27). 그리고 마귀의 올무에 빠지지 말아야 합니다(딤전3:7).

고전7:5   "서로 분방하지 말라 다만 기도할 틈을 얻기 위하여 합의상 얼마 동안은 하되 다시 합하라 이는 너희가 절제 못함

으로 말미암아 사탄이 너희를 시험하지 못하게 하려 함이
라."

엡4:26-27   "분을 내어도 죄를 짓지 말며 해가 지도록 분을 품지 말고
마귀에게 틈을 주지 말라."

딤전3:7   "또한 외인에게서도 선한 증거를 얻은 자라야 할지니 비방
과 마귀의 올무에 빠질까 염려하라."

7. 귀신을 쫓아내는 비밀

우리는 귀신을 쫓아내는 비밀을 알고 귀신을 쫓아내야 합니다.
예수 그리스도를 믿는 자들에게는 예수 이름으로 귀신을 쫓아내는
표적이 따릅니다(막16:17-18). 하나님은 죄와 더러움을 씻는 샘이
열릴 것이며 거짓 선지자와 더러운 귀신을 이 땅에서 떠나게 할 것
이라고 말씀하셨습니다(슥13:1-2). 거짓 선지자는 귀신의 가르침
을 받는 자입니다. 그리고 땅 위의 것과 정욕의 것과 귀신의 것은
같은 것입니다(약3:14-15). 마음 속에 독한 시기와 다툼이 있고 진
리를 거슬러 거짓말하는 자는 귀신의 지혜를 가지고 있습니다.

막16:17-18   "믿는 자들에게는 이런 표적이 따르리니 곧 그들이 내 이
름으로 귀신을 쫓아내며 새 방언을 말하며 뱀을 집어올리
며 무슨 독을 마실지라도 해를 받지 아니하며 병든 사람
에게 손을 얹은즉 나으리라."

슥13:1-2   "그 날에 죄와 더러움을 씻는 샘이 다윗의 족속과 예루살
렘 주민을 위하여 열리리라 만군의 여호와가 말하노라 그

날에 내가 우상의 이름을 이 땅에서 끊어서 기억도 되지
못하게 할 것이며 거짓 선지자와 더러운 귀신을 이 땅에
서 떠나게 할 것이라."

약3:14-15 "그러나 너희 마음 속에 독한 시기와 다툼이 있으면 자랑
하지 말라 진리를 거슬러 거짓말하지 말라 이러한 지혜는
위로부터 내려온 것이 아니요 땅 위의 것이요 정욕의 것
이요 귀신의 것이니"

귀신은 사람에게 들어가기도 하고 나가기도 하며 사람을 괴롭게
합니다. 귀신은 돼지(짐승)에게도 들어갔습니다(마8:31-32). 또 귀
신은 이방인에게 제사를 받기도 합니다(고전10:20). 그리고 귀신은
거짓을 가르치기도 합니다(딤전4:1-2). 귀신은 점을 치게도 합니다
(행16:16). 그리고 귀신의 영은 예수님이 재림하시기 직전에 이적
을 행하여 온 천하 왕들에게 가서 재림하시는 예수님을 대적하는
전쟁을 위하여 그들을 모을 것입니다(계16:13-14).

마8:31-32 "귀신들이 예수께 간구하여 이르되 만일 우리를 쫓아 내시
려면 돼지 떼에 들여 보내소서 하니 그들에게 가라 하시
니 귀신들이 나와서 돼지에게로 들어가는지라 온 떼가 비
탈로 내리달아 바다에 들어가서 몰사하거늘"

고전10:20 "무릇 이방인이 제사하는 것은 귀신에게 하는 것이요 하나
님께 제사하는 것이 아니니 나는 너희가 귀신과 교제하는
자가 되기를 원하지 아니하노라."

딤전4:1-2 "그러나 성령이 밝히 말씀하시기를 후일에 어떤 사람들이
믿음에서 떠나 미혹하는 영과 귀신의 가르침을 따르리라

하셨으니 자기 양심이 화인을 맞아서 외식함으로 거짓말
하는 자들이라."

행16:16 "우리가 기도하는 곳에 가다가 점치는 귀신 들린 여종 하
나를 만나니 그 주인들에게 큰 이익을 주는 자라."

계16:13-14 "또 내가 보매 개구리 같은 세 더러운 영이 용의 입과 짐
승의 입과 거짓 선지자의 입에서 나오니 그들은 귀신의
영이라 이적을 행하여 온 천하 왕들에게 가서 하나님 곧
전능하신 이의 큰 날에 있을 전쟁을 위하여 그들을 모으
더라."

1) 귀신은 사람에게 들어갑니다.

더러운 귀신이 사람에게서 나갔을 때에 물 없는 곳(광야, 귀신의
처소)으로 다니며 쉬기를 구하되 쉴 곳을 얻지 못하고 이에 이르되
"내가 나온 내 집으로 돌아가리라" 하고 와 보니 그 집이 비고 청소
되고 수리되었습니다. 이에 가서 그 귀신이 저보다 더 악한 귀신 일
곱을 데리고 들어가서 거하니 그 사람의 나중 형편이 전보다 더욱
심하게 되었습니다. 예수님은 이 말씀을 하시고 "이 악한 세대가 또
한 이렇게 되리라"고 말씀하셨습니다(마12:43-45). 이 말씀에서 보
면 귀신은 사람에게 들어가는 것을 자기 집에 들어가는 것으로 여
깁니다. 또한 귀신은 더 악한 귀신이 있으며 여럿이 들어가기도 합
니다. 그리고 귀신이 들어가면 그 사람 형편이 어렵게 됩니다.

마12:43-45 "더러운 귀신이 사람에게서 나갔을 때에 물 없는 곳으로
다니며 쉬기를 구하되 쉴 곳을 얻지 못하고 이에 이르되
내가 나온 내 집으로 돌아가리라 하고 와 보니 그 집이 비

고 청소되고 수리되었거늘 이에 가서 저보다 더 악한 귀
신 일곱을 데리고 들어가서 거하니 그 사람의 나중 형편
이 전보다 더욱 심하게 되느니라 이 악한 세대가 또한 이
렇게 되리라."

귀신 들린 사람들이 있습니다. 사람들이 귀신 들린 자를 많이 데
리고 예수님께 오므로 예수님께서 말씀으로 귀신들을 쫓아 내셨습
니다(마8:16). 더러운 귀신 들린 어린 딸을 둔 수로보니게 족속인
한 여자가 예수님께 와서 그 발 아래에 엎드려 자기 딸에게서 귀신
을 쫓아내 주기를 간구하였습니다(막7:25-26). 이와 같이 귀신 들
린 사람이 있으며 귀신 들린 사람은 귀신을 내쫓아야 합니다.

마8:16   "저물매 사람들이 귀신 들린 자를 많이 데리고 예수께 오
           거늘 예수께서 말씀으로 귀신들을 쫓아내시고 병든 자들
           을 다 고치시니"

막7:25-26 "이에 더러운 귀신 들린 어린 딸을 둔 한 여자가 예수의
           소문을 듣고 곧 와서 그 발 아래에 엎드리니 그 여자는 헬
           라인이요 수로보니게 족속이라 자기 딸에게서 귀신 쫓아
           내 주시기를 간구하거늘"

귀신은 사람에게 붙기도 합니다. 빌립이 사마리아에서 그리스도
를 전파할 때 많은 사람에게 붙었던 더러운 귀신들이 크게 소리 지
르며 나갔습니다(행8:7-8).

행8:7-8 　"많은 사람에게 붙었던 더러운 귀신들이 크게 소리를 지르며 나가고 또 많은 중풍병자와 못 걷는 사람이 나으니 그 성에 큰 기쁨이 있더라."

귀신이 사람을 붙잡기도 합니다. 귀신이 사람을 붙잡는 것은 귀신이 그 사람을 지배하는 것입니다. 한 사람이 말 못하게 하는 귀신 들린 외아들을 예수님께 데리고 와서 고침 받았는데 귀신이 어디서든지 그를 잡으면 거꾸러져 거품을 흘리며 이를 갈며 파리해졌습니다(막9:17-18). 그 귀신은 그를 잡아 갑자기 부르짖게 하고 경련을 일으켜 거품을 흘리게 하며 몹시 상하게 하고야 겨우 떠나 갔습니다(눅9:39). 또 그 귀신은 이 아이를 어릴 때부터 죽이려고 불과 물에 자주 던졌습니다(막9:21-22). 그런데 그 귀신이 예수님을 보고 곧 그 아이로 심히 경련을 일으키게 하므로 그가 땅에 엎드러져 구르며 거품을 흘렸습니다(막9:20).

막9:17-18 　"무리 중의 하나가 대답하되 선생님 말 못하게 귀신 들린 내 아들을 선생님께 데려왔나이다 귀신이 어디서든지 그를 잡으면 거꾸러져 거품을 흘리며 이를 갈며 그리고 파리해지는지라 내가 선생님의 제자들에게 내쫓아 달라 하였으나 그들이 능히 하지 못하더이다."

눅9:39 　"귀신이 그를 잡아 갑자기 부르짖게 하고 경련을 일으켜 거품을 흘리게 하며 몹시 상하게 하고야 겨우 떠나 가나이다."

막9:21-22 　"예수께서 그 아버지에게 물으시되 언제부터 이렇게 되었

느냐 하시니 이르되 어릴 때부터니이다 귀신이 그를 죽이
려고 불과 물에 자주 던졌나이다 그러나 무엇을 하실 수
있거든 우리를 불쌍히 여기사 도와 주옵소서.”

막9:20 “이에 데리고 오니 귀신이 예수를 보고 곧 그 아이로 심히
경련을 일으키게 하는지라 그가 땅에 엎드러져 구르며 거
품을 흘리더라.”

거라사인 땅에서 예수님을 만나 고침 받은 귀신 들린 사람은 오
래 옷을 입지 아니하며 집에 거하지도 아니하고 무덤 사이에 거하
였습니다(눅8:27). 그 귀신이 가끔 그 사람을 붙잡으므로 그를 쇠사
슬과 고랑에 매어 지켰으되 그 맨 것을 끊고 귀신에게 몰려 광야로
나갔습니다(눅8:29).

눅8:27 “예수께서 육지에 내리시매 그 도시 사람으로서 귀신 들린
자 하나가 예수를 만나니 그 사람은 오래 옷을 입지 아니
하며 집에 거하지도 아니하고 무덤 사이에 거하는지라.”

눅8:29 “이는 예수께서 이미 더러운 귀신을 명하사 그 사람에게서
나오라 하셨음이라(귀신이 가끔 그 사람을 붙잡으므로 그
를 쇠사슬과 고랑에 매어 지켰으되 그 맨 것을 끊고 귀신
에게 몰려 광야로 나갔더라).”

2) 귀신 들린 사람은 귀신에게 괴로움을 받습니다.

귀신 들려 말 못하는 사람을 예수님께 데려오니 귀신이 쫓겨나고
말 못하는 사람이 말을 하였습니다(마9:32-33). 또 한 사람이 말 못
하게 귀신 들린 아들을 예수님께 데려왔는데 그 귀신은 그 아이를

어렸을 때부터 죽이려고 불과 물에 자주 던졌습니다. 그리고 그 귀신은 그를 잡아 갑자기 부르짖게 하고 몸을 몹시 상하게 하였습니다(눅9:39). 가나안 여자 하나는 예수님께 "주 다윗의 자손이여 나를 불쌍히 여기소서 내 딸이 흉악하게 귀신 들렸나이다"고 간구했습니다(마15:22). 18년 동안이나 귀신 들려 앓으며 꼬부라져 조금도 펴지 못한 한 여자를 예수님께서 고쳐주셨습니다(눅13:11-13). 예루살렘 부근의 수많은 병든 사람과 더러운 귀신에게 괴로움 받는 사람을 베드로에게 데리고 와서 다 나음을 얻게 하였습니다(행5:16).

귀신 들린 자는 말 못하는 자도 있었고, 불과 물에 던져지며 몸이 몹시 상한 자도 있었고, 흉악한 자도 있었고, 앓으며 꼬부라진 자도 있었습니다. 귀신 들린 자는 더러운 귀신에게 괴로움을 받습니다.

마9:32-33 "그들이 나갈 때에 귀신 들려 말 못하는 사람을 예수께 데려오니 귀신이 쫓겨나고 말 못하는 사람이 말하거늘 무리가 놀랍게 여겨 이르되 이스라엘 가운데서 이런 일을 본 적이 없다 하니"

눅9:39 "귀신이 그를 잡아 갑자기 부르짖게 하고 경련을 일으켜 거품을 흘리게 하며 몹시 상하게 하고야 겨우 떠나 가나이다."

마15:22 "가나안 여자 하나가 그 지경에서 나와서 소리 질러 이르되 주 다윗의 자손이여 나를 불쌍히 여기소서 내 딸이 흉악하게 귀신 들렸나이다 하되"

눅13:11-13 "열여덟 해 동안이나 귀신 들려 앓으며 꼬부라져 조금도 펴지 못하는 한 여자가 있더라 예수께서 보시고 불러 이르시되 여자여 네가 네 병에서 놓였다 하시고 안수하시니 여자가 곧 펴고 하나님께 영광을 돌리는지라."

행5:16 "예루살렘 부근의 수많은 사람들도 모여 병든 사람과 더러운 귀신에게 괴로움 받는 사람을 데리고 와서 다 나음을 얻으니라."

3) 예수님은 귀신들을 내쫓으셨습니다.

예수님은 온 갈릴리에 다니시며 그들의 여러 회당에서 전도하시고 또 귀신들을 내쫓으셨습니다(막1:39). 예수님은 막달라 마리아에게서 일곱 귀신을 쫓아내어 주셨습니다(막16:9). 또한 예수님께서 한 말 못하게 하는 귀신을 쫓아내시니 귀신이 나가매 말 못하는 사람이 말하였습니다(눅11:14).

막1:39 "이에 온 갈릴리에 다니시며 그들의 여러 회당에서 전도하시고 또 귀신들을 내쫓으시더라."

막16:9 "예수께서 안식 후 첫날 이른 아침에 살아나신 후 전에 일곱 귀신을 쫓아내어 주신 막달라 마리아에게 먼저 보이시니"

눅11:14 "예수께서 한 말 못하게 하는 귀신을 쫓아내시니 귀신이 나가매 말 못하는 사람이 말하는지라 무리들이 놀랍게 여겼으나"

예수님은 어떻게 귀신을 쫓아내셨나요? 예수님은 말씀으로 귀신들을 쫓아내셨습니다(마8:16). 또 예수님은 꾸짖어 "잠잠하고 그 사람에게서 나오라"(눅4:35), "귀신아 내가 네게 명하노니 그 아이에게서 나오고 다시 들어가지 말라"(막9:25-27) 하시며 귀신을 내쫓으셨습니다. 그리고 예수님은 귀신 들려 꼬부라진 여자에게 병에서 놓였다 말씀하시고 안수하여 고치셨습니다(눅13:11-13). 또 예수님은 "귀신이 네 딸에게서 나갔느니라"고 선포하심으로 고치셨습니다(막7:29-30). 예수님은 성령을 힘입어 귀신을 쫓아내셨습니다(마12:28).

마8:16   "저물매 사람들이 귀신 들린 자를 많이 데리고 예수께 오거늘 예수께서 말씀으로 귀신들을 쫓아내시고 병든 자들을 다 고치시니"

눅4:35   "예수께서 꾸짖어 이르시되 잠잠하고 그 사람에게서 나오라 하시니 귀신이 그 사람을 무리 중에 넘어뜨리고 나오되 그 사람은 상하지 아니한지라."

막9:25-27   "예수께서 무리가 달려와 모이는 것을 보시고 그 더러운 귀신을 꾸짖어 이르시되 말 못하고 못 듣는 귀신아 내가 네게 명하노니 그 아이에게서 나오고 다시 들어가지 말라 하시매 귀신이 소리 지르며 아이로 심히 경련을 일으키게 하고 나가니 아이가 죽은 것 같이 되어 많은 사람이 말하기를 죽었다 하나 예수께서 그 손을 잡아 일으키시니 이에 일어서니라."

눅13:11-13 "열여덟 해 동안이나 귀신 들려 앓으며 꼬부라져 조금도 펴지 못하는 한 여자가 있더라 예수께서 보시고 불러 이르시되 여자여 네가 네 병에서 놓였다 하시고 안수하시니 여자가 곧 펴고 하나님께 영광을 돌리는지라."

막7:29-30 "예수께서 이르시되 이 말을 하였으니 돌아가라 귀신이 네 딸에게서 나갔느니라 하시매 여자가 집에 돌아가 본즉 아이가 침상에 누웠고 귀신이 나갔더라."

마12:28 "그러나 내가 하나님의 성령을 힘입어 귀신을 쫓아내는 것이면 하나님의 나라가 이미 너희에게 임하였느니라."

귀신은 어떻게 하고 나갔나요? 귀신은 나갈 때 그 사람에게 경련을 일으키고 큰 소리를 지르며 나갔습니다(막1:26). 귀신이 나갈 때 아이로 심히 경련을 일으키게 하고 나감으로 그 아이가 죽은 것 같이 되기도 했습니다(막9:26-27). 귀신이 나올 때 그 사람을 무리 중에 넘어뜨리며 나왔으나 그 사람은 상하지 아니하기도 하였습니다 (눅4:35). 귀신들은 나가며 소리 지르기도 했습니다(눅4:41).

막1:26 "더러운 귀신이 그 사람에게 경련을 일으키고 큰 소리를 지르며 나오는지라."

막9:26-27 "귀신이 소리 지르며 아이로 심히 경련을 일으키게 하고 나가니 아이가 죽은 것같이 되어 많은 사람이 말하기를 죽었다 하나 예수께서 그 손을 잡아 일으키시니 이에 일어서니라."

눅4:35 "예수께서 꾸짖어 이르시되 잠잠하고 그 사람에게서 나오라 하시니 귀신이 그 사람을 무리 중에 넘어뜨리고 나오되 그 사람은 상하지 아니한지라."

눅4:41 "여러 사람에게서 귀신들이 나가며 소리 질러 이르되 당신은 하나님의 아들이니이다 예수께서 꾸짖으사 그들이 말함을 허락하지 아니하시니 이는 자기를 그리스도인 줄 앎이러라."

4) 예수님은 귀신을 쫓아내는 권능을 주십니다.

예수님은 사도들에게 더러운 귀신을 쫓아내며 모든 병과 약한 것을 고치는 권능을 주셨습니다(마10:1). 또 예수님은 칠십 인을 세워 전도 보내시면서 원수의 모든 능력을 제어할 권능을 주셨습니다(눅10:19). 그래서 주의 이름이면 귀신들도 칠십 인에게 항복하였습니다(눅10:17). 예수님께서 믿는 자들에게 귀신을 쫓아내는 권능을 주시므로 믿는 자들에게는 예수 이름으로 귀신을 쫓아내는 표적이 따릅니다.

마10:1 "예수께서 그의 열두 제자를 부르사 더러운 귀신을 쫓아내며 모든 병과 모든 약한 것을 고치는 권능을 주시니라."

눅10:19 "내가 너희에게 뱀과 전갈을 밟으며 원수의 모든 능력을 제어할 권능을 주었으니 너희를 해칠 자가 결코 없으리라."

눅10:17 "칠십 인이 기뻐하며 돌아와 이르되 주여 주의 이름이면 귀신들도 우리에게 항복하더이다."

예수님께서 귀신을 쫓아내는 권능을 주신 자들은 귀신을 내쫓았습니다. 사도들도 귀신을 내쫓았습니다. 사도들의 손을 통하여 표적과 기사가 많이 일어났습니다. 그리고 많은 사람들이 병든 사람과 더러운 귀신에게 괴로움 받는 사람을 데리고 와서 다 나음을 얻었습니다(행5:16). 빌립 집사도 귀신을 내쫓았습니다. 빌립 집사가 사마리아 성에서 그리스도를 전파할 때 많은 사람에게 붙었던 더러운 귀신들이 크게 소리를 지르며 나갔습니다(행8:7-8). 사도 바울도 귀신을 내쫓았습니다. 바울이 빌립보에서 점치는 귀신 들린 여종 하나를 만났는데 그가 괴롭게 하므로 그 귀신에게 "예수 그리스도의 이름으로 내가 네게 명하노니 그에게서 나오라"고 하자 귀신이 즉시 나왔습니다(행16:18). 하나님이 바울의 손으로 놀라운 능력을 행하게 하심으로 사람들이 바울의 몸에서 손수건이나 앞치마를 가져다가 병든 사람에게 얹으면 그 병이 떠나고 악귀도 나갔습니다(행19:11-12).

행5:16   "예루살렘 부근의 수많은 사람들도 모여 병든 사람과 더러운 귀신에게 괴로움 받는 사람을 데리고 와서 다 나음을 얻으니라."

행8:7-8   "많은 사람에게 붙었던 더러운 귀신들이 크게 소리를 지르며 나가고 또 많은 중풍병자와 못 걷는 사람이 나으니 그 성에 큰 기쁨이 있더라."

행16:18   "이같이 여러 날을 하는지라 바울이 심히 괴로워하여 돌이켜 그 귀신에게 이르되 예수 그리스도의 이름으로 내가 네게 명하노니 그에게서 나오라 하니 귀신이 즉시 나오니라."

행19:11-12 "하나님이 바울의 손으로 놀라운 능력을 행하게 하시니 심지어 사람들이 바울의 몸에서 손수건이나 앞치마를 가져

다가 병든 사람에게 얹으면 그 병이 떠나고 악귀도 나가
더라.”

우리도 귀신을 내쫓아야 합니다. 그런데 우리가 귀신을 쫓아낼
수 있는 자가 되어서 귀신을 쫓아내야 합니다. 귀신은 우리가 귀신
을 쫓아낼 수 있는 자인지 압니다. 귀신은 예수님도 알고 사도 바울
도 알았습니다. 하나님이 바울의 손으로 놀라운 능력을 행하게 하
실 때 돌아다니며 마술하는 어떤 유대인들이 시험삼아(망령되이)
악귀 들린 자들에게 주 예수의 이름을 불러 말하되 “내가 바울이
전파하는 예수를 의지하여 너희에게 명하노라” 하였습니다. 유대
의 한 제사장 스게와의 일곱 아들도 이 일을 행하였습니다. 그런데
악귀가 대답하여 이르되 “내가 예수도 알고 바울도 알거니와 너희
는 누구냐” 하며 악귀 들린 사람이 그들에게 뛰어 올라 눌러 이기
니 그들이 상하여 벗은 몸으로 그 집에서 도망하였습니다(행19:14-
16). 귀신들이 예수님을 보면 그 앞에 엎드려 부르짖어 “당신은 하
나님의 아들이니이다” 하였습니다(막3:11-12). 물론 예수님은 자
기를 나타내지 말라고 경고하셨습니다. 바울이 빌립보에서 만난 점
치는 귀신 들린 여종은 바울과 그 일행을 따라와서 “이 사람들은
지극히 높은 하나님의 종으로서 구원의 길을 너희에게 전하는 자
라”고 하였습니다(행16:17). 물론 바울은 이를 심히 괴로워하고 그
귀신을 쫓아냈습니다.

행19:14-16 "유대의 한 제사장 스게와의 일곱 아들도 이 일을 행하더니 악귀가 대답하여 이르되 내가 예수도 알고 바울도 알거니와 너희는 누구냐 하며 악귀 들린 사람이 그들에게 뛰어 올라 눌러 이기니 그들이 상하여 벗은 몸으로 그 집에서 도망하는지라."

막3:11-12 "더러운 귀신들도 어느 때든지 예수를 보면 그 앞에 엎드려 부르짖어 이르되 당신은 하나님의 아들이니이다 하니 예수께서 자기를 나타내지 말라고 많이 경고하시니라."

행16:17 "그가 바울과 우리를 따라와 소리 질러 이르되 이 사람들은 지극히 높은 하나님의 종으로서 구원의 길을 너희에게 전하는 자라 하며"

우리는 성령님을 힘입어 예수 이름으로 귀신을 내쫓아야 합니다. 우리가 귀신을 내쫓기 위해서는 무엇보다도 믿음이 있어야 하고 기도해야 합니다. 귀신을 쫓아내지 못한 제자들은 예수님께 "우리는 어찌하여 귀신을 쫓아내지 못하였나이까" 하고 물었습니다. 이에 예수님은 "너희 믿음이 작은 까닭이니라 진실로 너희에게 이르노니 만일 너희에게 믿음이 겨자씨 한 알 만큼만 있어도 이 산을 명하여 여기서 저기로 옮겨지라 하면 옮겨질 것이요 또 너희가 못할 것이 없으리라"(마17:20)고 하시고 "기도 외에 다른 것으로는 이런 종류가 나갈 수 없느니라"(막9:29)고 대답하셨습니다.

우리가 귀신을 내쫓기 위해서는 우리가 예수 그리스도를 믿고 예수 그리스도의 이름이 있는 자여야 합니다. 또한 우리에게 성령님이 계시고 우리가 성령님을 힘입는 자여야 합니다. 그리고 우리는 예수님께서 귀신들을 내쫓으셨으며 그를 믿는 자들에게 귀신을 쫓아내는 권능을 주신 것을 믿어야 합니다. 또한 우리는 예수님께 더러운 귀신을 쫓아내는 권능을 받아야 합니다. 그래서 우리는 성령을 힘입어 예수 그리스도의 이름으로 귀신을 꾸짖어 나오라고 명령해야 합니다. 그러면 더러운 귀신들이 나갑니다. 예수 그리스도를 믿는 자들에게는 예수 이름으로 귀신을 쫓아내는 표적이 따릅니다.

할렐루야! 아멘.

4장

천국의
비밀

하나님께서 우리에게 주신 구원은 허물과 죄로 죽었던 우리를 살리시고(엡2:1), 이 세상에 사는 동안 우리를 보호하시고 양육하시며(딛2:11-13), 우리를 모든 악한 일에서 건져내시고 그의 천국에 들어가게 하시는 것입니다(딤후4:18).

엡2:1   "그는 허물과 죄로 죽었던 너희를 살리셨도다."

딛2:11-13   "모든 사람에게 구원을 주시는 하나님의 은혜가 나타나 우리를 양육하시되 경건하지 않은 것과 이 세상 정욕을 다 버리고 신중함과 의로움과 경건함으로 이 세상에 살고 복스러운 소망과 우리의 크신 하나님 구주 예수 그리스도의 영광이 나타나심을 기다리게 하셨으니"

딤후4:18   "주께서 나를 모든 악한 일에서 건져내시고 또 그의 천국에 들어가도록 구원하시리니 그에게 영광이 세세무궁토록 있을지어다 아멘."

하나님은 우리를 그의 천국에 들어가도록 구원하실 것입니다. 그래서 우리의 목적지는 천국입니다. 그러므로 우리는 천국의 비밀을 알아야 합니다. 그런데 천국의 비밀은 누구나 알 수 있는 것이 아닙니다. 천국의 비밀을 아는 것이 허락된 자들이 있고 허락되지 않는 자들이 있습니다(마13:11). 하나님은 그의 자녀들에게 천국의 비밀을 아는 것을 허락하셨습니다. 그러므로 하나님의 자녀인 우리는 천국의 비밀을 알 수 있고 알아야 합니다.

마13:11   "대답하여 이르시되 천국의 비밀을 아는 것이 너희에게는 허락되었으나 그들에게는 아니되었나니"

1. 천국과 지옥을 예비하신 하나님

천국과 지옥을 하나님께서 예비하셨습니다. 천국은 창세로부터 성도들을 위하여 예비된 나라입니다(마25:34). 그리고 지옥은 마귀와 그 사자들을 위하여 예비된 영원한 불못입니다(마25:41). 천국에 들어가는 자들은 하나님 아버지께 복 받은 자들입니다. 그러나 지옥에 들어가는 자들은 저주를 받은 자들입니다. 천국에 들어가는 것은 영생에 들어가는 것이며 지옥에 들어가는 것은 영벌에 들어가는 것입니다(마25:46).

> 마25:34　"그 때에 임금이 그 오른편에 있는 자들에게 이르시되 내 아버지께 복 받을 자들이여 나아와 창세로부터 너희를 위하여 예비된 나라를 상속받으라."
>
> 마25:41　"또 왼편에 있는 자들에게 이르시되 저주를 받은 자들아 나를 떠나 마귀와 그 사자들을 위하여 예비된 영원한 불에 들어가라."
>
> 마25:46　"그들은 영벌에, 의인들은 영생에 들어가리라."

1) 천국은 어떤 곳인가요?

창세로부터 성도들을 위하여 예비된 천국은 하나님 아버지 집으로 예수님이 우리의 있을 곳을 예비하러 가신 곳입니다(요14:2-3).

> 요14:2-3　"내 아버지 집에 거할 곳이 많도다 그렇지 않으면 너희에게 일렀으리라 내가 너희를 위하여 거처를 예비하러 가노니 가서 너희를 위하여 거처를 예비하면 내가 다시 와서

너희를 내게로 영접하여 나 있는 곳에 너희도 있게 하리
라."

① 천국은 가장 아름다운 곳입니다.

천국에는 수정같이 맑은 생수의 강이 흐르며 강 좌우에 생명나무
가 있어 열두 가지 실과를 맺힙니다(계22:1-2). 천국의 성곽은 벽
옥으로 쌓였고 그 성은 정금인데 맑은 유리 같습니다(계21:18). 그
성의 성곽의 기초석은 각색 보석으로 꾸몄습니다(계21:19-20). 천
국에는 열두 진주문이 있으며 그 길은 정금입니다(계21:21).

계22:1-2   "또 그가 수정같이 맑은 생명수의 강을 내게 보이니 하나
           님과 및 어린 양의 보좌로부터 나와서 길 가운데로 흐르
           더라 강 좌우에 생명나무가 있어 열두 가지 열매를 맺되
           달마다 그 열매를 맺고 그 나무 잎사귀들은 만국을 치료
           하기 위하여 있더라."

계21:18   "그 성곽은 벽옥으로 쌓였고 그 성은 정금인데 맑은 유리
           같더라."

계21:19-20 "그 성의 성곽의 기초석은 각색 보석으로 꾸몄는데 첫째
           기초석은 벽옥이요 둘째는 남보석이요 셋째는 옥수요 넷
           째는 녹보석이요 다섯째는 홍마노요 여섯째는 홍보석이
           요 일곱째는 황옥이요 여덟째는 녹옥이요 아홉째는 담황
           옥이요 열째는 비취옥이요 열한째는 청옥이요 열두째는
           자수정이라."

계21:21   "그 열두 문은 열두 진주니 각 문마다 한 개의 진주로 되
           어 있고 성의 길은 맑은 유리 같은 정금이더라."

② 천국은 가장 빛나는 곳입니다.

의인들은 자기 아버지 나라 천국에서 해와 같이 빛날 것입니다 (마13:43). 천국은 하나님과 어린 양이 그 성전이심으로 성전이 없습니다(계21:22). 천국은 하나님의 영광이 비치고 어린 양이 그 등불이 되심으로 해나 달의 비침이 쓸데없습니다(계21:23). 천국은 만국이 그 빛 가운데로 다니고 땅의 왕들이 자기 영광을 가지고 그리로 들어갑니다(계21:24). 천국은 밤이 없으므로 낮에 성문들을 닫지 아니합니다(계21:25). 천국은 사람들이 만국의 영광과 존귀를 가지고 들어갑니다(계21:26).

마13:43	"그 때에 의인들은 자기 아버지 나라에서 해와 같이 빛나리라 귀 있는 자들은 들으라."
계21:22	"성 안에서 내가 성전을 보지 못하였으니 이는 주 하나님 곧 전능하신 이와 및 어린 양이 그 성전이심이라."
계21:23	"그 성은 해나 달의 비침이 쓸데없으니 이는 하나님의 영광이 비치고 어린 양이 그 등불이 되심이라."
계21:24	"만국이 그 빛 가운데로 다니고 땅의 왕들이 자기 영광을 가지고 그리로 들어가리라."
계21:25	"낮에 성문들을 도무지 닫지 아니하리니 거기에는 밤이 없음이라."
계21:26	"사람들이 만국의 영광과 존귀를 가지고 그리로 들어가겠고"

③ 천국은 가장 평안하고 행복한 곳입니다.

천국은 믿는 자들이 안식하는 곳입니다(히4:3). 그리고 천국에서는 극히 작은 자라도 세례 요한보다 큽니다(마11:11). 천국은 하나님이 친히 자기 백성들과 함께 계셔서 모든 눈물을 그 눈에서 닦아 주시니 사망이 없고 애통하는 것이나 곡하는 것이나 아픈 것이 없습니다(계21:3-4).

히4:3 "이미 믿는 우리들은 저 안식에 들어가는도다 그가 말씀하신 바와 같으니 내가 노하여 맹세한 바와 같이 그들이 내 안식에 들어오지 못하리라 하셨다 하였으나 세상을 창조할 때부터 그 일이 이루어졌느니라."

마11:11 "내가 진실로 너희에게 말하노니 여자가 낳은 자 중에 세례 요한보다 큰 이가 일어남이 없도다 그러나 천국에서는 극히 작은 자라도 그보다 크니라."

계21:3-4 "내가 들으니 보좌에서 큰 음성이 나서 이르되 보라 하나님의 장막이 사람들과 함께 있으매 하나님이 그들과 함께 계시리니 그들은 하나님의 백성이 되고 하나님은 친히 그들과 함께 계셔서 모든 눈물을 그 눈에서 닦아 주시니 다시는 사망이 없고 애통하는 것이나 곡하는 것이나 아픈 것이 다시 있지 아니하리니 처음 것들이 다 지나갔음이라."

우리에게는 영원히 영생복락을 누릴 하나님의 나라가 있습니다. 하나님이 창세로부터 성도들을 위하여 예비하시고(마25:34), 예수님이 우리의 있을 곳을 예비하러 가신 영원한 천국이 있습니다(요14:2-3).

마25:34	"그 때에 임금이 그 오른편에 있는 자들에게 이르시되 내 아버지께 복 받을 자들이여 나아와 창세로부터 너희를 위하여 예비된 나라를 상속받으라."
요14:2-3	"내 아버지 집에 거할 곳이 많도다 그렇지 않으면 너희에게 일렀으리라 내가 너희를 위하여 거처를 예비하러 가노니 가서 너희를 위하여 거처를 예비하면 내가 다시 와서 너희를 내게로 영접하여 나 있는 곳에 너희도 있게 하리라."

  우리(성도들)가 하나님의 나라인 하나님의 나라가 있습니다. 하나님의 자녀요 천국의 백성이요 성도인 우리가 하나님의 나라입니다. 예수님은 우리를 그의 아버지 하나님을 위하여 우리 하나님 앞에서 나라와 제사장들로 삼으셨습니다(계1:6, 5:10). 우리는 거룩한 하나님의 나라입니다(벧전1:9). 우리가 하나님의 나라라는 것은 천국의 백성이라는 의미입니다.

계1:6	"그의 아버지 하나님을 위하여 우리를 나라와 제사장으로 삼으신 그에게 영광과 능력이 세세토록 있기를 원하노라 아멘."
계5:10	"그들로 우리 하나님 앞에서 나라와 제사장들을 삼으셨으니 그들이 땅에서 왕 노릇 하리로다."
벧전1:9	"그러나 너희는 택하신 족속이요 왕 같은 제사장들이요 거룩한 나라요 그의 소유가 된 백성이니 이는 너희를 어두운 데서 불러 내어 그의 기이한 빛에 들어가게 하신 이의 아름다운 덕을 선포하게 하려 하심이라."

우리 마음에 있는 하나님의 나라가 있습니다. 바리새인들이 예수 님께 "하나님의 나라가 어느 때에 임하나이까"라고 물었습니다. 이에 예수님은 "하나님의 나라는 볼 수 있게 임하는 것이 아니요 또 여기 있다 저기 있다고도 못하리니 하나님의 나라는 너희 안에 있느니라"고 대답하셨습니다(눅17:20-21). 우리 안에 하나님의 나라가 있음은 하나님의 주권이 우리 마음에 이루어지는 것입니다.

> 눅17:20-21 "바리새인들이 하나님의 나라가 어느 때에 임하나이까 묻 거늘 예수께서 대답하여 이르시되 하나님의 나라는 볼 수 있게 임하는 것이 아니요 또 여기 있다 저기 있다고도 못 하리니 하나님의 나라는 너희 안에 있느니라."

세상 나라가 하나님과 그리스도의 나라가 되는 하나님의 나라 가 있습니다. 세상 나라는 사탄의 나라입니다(눅11:18). 그래서 세 상에 있는 모든 것이 육신의 정욕과 안목의 정욕과 이생의 자랑이 며 다 아버지께로부터 온 것이 아니요 세상으로부터 온 것입니다 (요일2:16). 그리스도의 나라는 이 세상에 속한 것이 아닙니다(요 18:36). 그래서 하나님이 우리를 흑암의 권세에서 건져내사 그의 사랑의 아들(예수 그리스도)의 나라로 옮기셨습니다(골1:13). 그리고 하나님의 심판은 이 세상 임금인 사탄이 심판을 받은 것입니다 (요16:11). 그러므로 이 세상에 대한 하나님의 심판이 이르고 이 세 상의 임금인 사탄이 쫓겨날 것입니다(요12:31). 그리고 세상 나라 가 우리 주와 그리스도의 나라가 되어 그가 세세토록 왕 노릇하실 것입니다(계11:15). 세상이 새롭게 되어 예수님이 자기 영광의 보좌에 앉을 때에 예수님을 따르는 열두 제자도 열두 보좌에 앉아 이스라엘 열두 지파를 심판할 것입니다(마19:28).

눅11:18	"너희 말이 내가 바알세불을 힘입어 귀신을 쫓아낸다 하니 만일 사탄이 스스로 분쟁하면 그의 나라가 어떻게 서겠느냐"
요일2:16	"이는 세상에 있는 모든 것이 육신의 정욕과 안목의 정욕과 이생의 자랑이니 다 아버지께로부터 온 것이 아니요 세상으로부터 온 것이라."
요18:36	"예수께서 대답하시되 내 나라는 이 세상에 속한 것이 아니니라 만일 내 나라가 이 세상에 속한 것이었더라면 내 종들이 싸워 나로 유대인들에게 넘겨지지 않게 하였으리라 이제 내 나라는 여기에 속한 것이 아니니라."
골1:13	"그가 우리를 흑암의 권세에서 건져내사 그의 사랑의 아들의 나라로 옮기셨으니"
요16:11	"심판에 대하여라 함은 이 세상 임금이 심판을 받았음이라."
요12:31	"이제 이 세상에 대한 심판이 이르렀으니 이 세상의 임금이 쫓겨나리라."
계11:15	"일곱째 천사가 나팔을 불매 하늘에 큰 음성들이 나서 이르되 세상 나라가 우리 주와 그의 그리스도의 나라가 되어 그가 세세토록 왕 노릇 하시리로다 하니"
마19:28	"예수께서 이르시되 내가 진실로 너희에게 이르노니 세상이 새롭게 되어 인자가 자기 영광의 보좌에 앉을 때에 나를 따르는 너희도 열두 보좌에 앉아 이스라엘 열두 지파를 심판하리라."

세상 나라가 하나님의 나라로 이루어지는 것이 지상 천년왕국입니다. 천사가 하늘로부터 내려와서 마귀를 잡아 천 년 동안 결박하여 무저갱에 던져 잠그고 천 년이 차도록 다시는 만국을 미혹하지 못하게 합니다(계20:1-3). 이 기간이 지상 천년왕국입니다. 지상 천년왕국에서는 첫째 부활에 참여한 성도들이 하나님과 그리스도의 제사장이 되어 그리스도와 더불어 왕 노릇합니다(계20:6). 세상 나라가 하나님의 나라가 되는 하나님의 나라는 예수님이 재림하셔서 천 년 동안 친히 다스리시는 나라입니다.

계20:1-3 "또 내가 보매 천사가 무저갱의 열쇠와 큰 쇠사슬을 그의 손에 가지고 하늘로부터 내려와서 용을 잡으니 곧 옛 뱀이요 마귀요 사탄이라 잡아서 천 년 동안 결박하여 무저갱에 던져 넣어 잠그고 그 위에 인봉하여 천 년이 차도록 다시는 만국을 미혹하지 못하게 하였는데 그 후에는 반드시 잠깐 놓이리라."

계20:6 "이 첫째 부활에 참여하는 자들은 복이 있고 거룩하도다 둘째 사망이 그들을 다스리는 권세가 없고 도리어 그들이 하나님과 그리스도의 제사장이 되어 천 년 동안 그리스도와 더불어 왕 노릇 하리라."

예수님이 하나님을 위하여 나라로 세우신 우리는 우리 마음에 하나님의 나라를 이루고 이 세상에서 하나님을 섬기다가 예수님이 재림하셔서 왕으로 다스리시는 이 세상이 하나님의 나라가 되는 천년왕국에서 왕 노릇하고 천년왕국이 끝난 후에 영원한 천국에 들어가 영원히 영생복락을 누릴 것입니다.

하나님의 나라는 먹는 것과 마시는 것이 아니요 오직 성령 안에서 의와 평강과 희락입니다(롬14:17). 또 하나님의 나라는 말에 있지 아니하고 오직 능력에 있습니다(고전4:20). 하나님의 나라는 마귀가 쫓겨난 곳입니다. 성령을 힘입어 귀신을 쫓아내는 것이면 하나님의 나라가 이미 임한 것입니다(마12:28). 마귀가 쫓겨나므로 하나님의 구원과 능력과 나라와 그리스도의 권세가 나타납니다(계12:10).

롬14:17	"하나님의 나라는 먹는 것과 마시는 것이 아니요 오직 성령 안에서 의와 평강과 희락이라."
고전4:20	"하나님의 나라는 말에 있지 아니하고 오직 능력에 있음이라."
마12:28	"그러나 내가 하나님의 성령을 힘입어 귀신을 쫓아내는 것이면 하나님의 나라가 이미 너희에게 임하였느니라."
계12:10	"내가 또 들으니 하늘에 큰 음성이 있어 이르되 이제 우리 하나님의 구원과 능력과 나라와 또 그의 그리스도의 권세가 나타났으니 우리 형제들을 참소하던 자 곧 우리 하나님 앞에서 참소하던 자가 쫓겨났고"

2)지옥은 어떤 곳인가요?

마귀(사탄)와 그 사자들을 위하여 예비된 영원한 불인 지옥은 가장 고통스러운 곳입니다. 지옥은 영원한 불입니다(마25:41). 지옥은 유황불 붙는 못입니다(계19:20). 지옥은 불과 유황 못으로 세세토록 밤낮 괴로움을 받는 곳입니다(계20:10). 지옥은 둘째 사망 곧 불못입니다(계20:14-15). 지옥은 불도 꺼지지 아니하며 구더기도 죽지 않고 사람마다 불로써 소금 치듯 함을 받는 곳입니다(막9:48-49). 지옥은 불과 유황으로 고난을 받는 곳이며 그 고난의 연기가 세세토록 올라가는 곳이며 밤낮 쉼을 얻지 못하는 곳입니다(계14:10-11).

마25:41 "또 왼편에 있는 자들에게 이르시되 저주를 받은 자들아 나를 떠나 마귀와 그 사자들을 위하여 예비 된 영원한 불에 들어가라."

계19:20 "짐승이 잡히고 그 앞에서 표적을 행하던 거짓 선지자도 함께 잡혔으니 이는 짐승의 표를 받고 그의 우상에게 경배하던 자들을 표적으로 미혹하던 자라 이 둘이 산채로 유황불 붙는 못에 던져지고"

계20:10 "또 그들을 미혹하는 마귀가 불과 유황 못에 던져지니 거기는 그 짐승과 거짓 선지자도 있어 세세토록 밤낮 괴로움을 받으리라."

계20:14-15 "사망과 음부도 불못에 던져지니 이것은 둘째 사망 곧 불못이라 누구든지 생명책에 기록되지 못한 자는 불못에 던져지더라."

막9:48-49 "거기에서는 구더기도 죽지 않고 불도 꺼지지 아니하느니라 사람마다 불로써 소금 치듯 함을 받으리라."

계14:10-11 "그도 하나님의 진노의 포도주를 마시리니 그 진노의 잔에 섞인 것이 없이 부은 포도주라 거룩한 천사들 앞과 어린 양 앞에서 불과 유황으로 고난을 받으리니 그 고난의 연기가 세세토록 올라가리로다 짐승과 그의 우상에게 경배하고 그의 표를 받는 자는 누구든지 밤낮 쉼을 얻지 못하리라 하더라."

그러므로 우리는 지옥에 던져지지 않아야 합니다. 우리 백체 중에 하나가 없어지고 온몸이 지옥에 던져지지 않는 것이 유익합니다(마5:29-30). 장애인이나 다리 저는 자나 한 눈으로 영생에 들어가는 것이 두 손과 두 발과 두 눈을 가지고 영원한 불에 던져지는 것보다 낫습니다(마18:8-9). 우리는 몸은 죽여도 영혼은 능히 죽이지 못하는 자들을 두려워하지 말고 오직 몸과 영혼을 능히 지옥에 멸하실 수 있는 하나님을 두려워해야 합니다(마10:28).

마5:29-30 "만일 네 오른 눈이 너로 실족하게 하거든 빼어 내버리라 네 백체 중 하나가 없어지고 온몸이 지옥에 던져지지 않는 것이 유익하며 또한 만일 네 오른손이 너로 실족하게 하거든 찍어 내버리라 네 백체 중 하나가 없어지고 온몸이 지옥에 던져지지 않는 것이 유익하니라."

마18:8-9 "만일 네 손이나 네 발이 너를 범죄하게 하거든 찍어 내버리라 장애인이나 다리 저는 자로 영생에 들어가는 것이 두 손과 두 발을 가지고 영원한 불에 던져지는 것보다 나으니라 만일 네 눈이 너를 범죄하게 하거든 빼어 버리라 한 눈으로 영생에 들어가는 것이 두 눈을 가지고 지옥 불에 던져지는 것보다 나으니라."

마10:28 "몸은 죽여도 영혼은 능히 죽이지 못하는 자들을 두려워하지 말고 오직 몸과 영혼을 능히 지옥에 멸하실 수 있는 이를 두려워하라."

2. 천국에 들어갈 자들

천국에 있어 우리에게 가장 중요한 것은 우리가 천국에 들어가는 자가 되는 것입니다. 그래서 성경에 나오는 천국의 비유는 천국에 들어가는 비밀을 알게 하는 비유입니다.

1) 가라지 비유(마13:24-30)와 씨 뿌리는 비유(마13:3-9)는 천국에 들어가는 비밀의 전체를 알게 해 주는 비유입니다.

우리는 가라지 비유와 씨 뿌리는 비유를 통해서 사람이 어떻게 천국에 들어가게 되는가를 알 수 있습니다. 하나님이 택하시고 부르셔서 구원하신 사람들이 하나님의 말씀을 듣고 깨달아 지키고 인내하므로 천국에 들어가게 됩니다. 하나님은 우리를 구원하시고 양육하셔서 천국에 들어가게 하십니다(딛2:11-13).

> 딛2:11-13 "모든 사람에게 구원을 주시는 하나님의 은혜가 나타나 우리를 양육하시되 경건하지 않은 것과 이 세상 정욕을 다 버리고 신중함과 의로움과 경건함으로 이 세상에 살고 복스러운 소망과 우리의 크신 하나님 구주 예수 그리스도의 영광이 나타나심을 기다리게 하셨으니"

① 가라지 비유는 하나님이 우리를 구원하심을 말씀합니다.

천국은 좋은 씨를 제 밭에 뿌린 사람과 같습니다. 밭(세상)의 주인(예수님)이 좋은 씨(천국의 아들들)를 뿌렸습니다. 그런데 원수(마귀)가 곡식 가운데 가라지(악한 자의 아들들)를 덧뿌렸습니다. 주인은 종들에게 가라지를 뽑지 말고 추수 때(세상 끝)까지 둘 다 함께 자라게 두라고 하였습니다. 그리고 추수 때에 주인이 추수꾼들(천사들)에게 "가라지는 먼저 거두어 불사르게 묶고 곡식은 내 곳간에 넣으라" 하리라고 말했습니다(마13:24-30, 37-43).

가라지 비유에서 중요한 것은 우리가 하나님의 아들이 되어 하나님의 아들로 살아가는 것입니다. 우리가 하나님의 아들로 살아가야 천국에 들어갑니다.

> 마13:24-30 "예수께서 그들 앞에 또 비유를 들어 이르시되 천국은 좋은 씨를 제 밭에 뿌린 사람과 같으니 사람들이 잘 때에 그 원수가 와서 곡식 가운데 가라지를 덧뿌리고 갔더니 싹이 나고 결실할 때에 가라지도 보이거늘 집 주인의 종들이 와서 말하되 주여 밭에 좋은 씨를 뿌리지 아니하였나이까 그런데 가라지가 어디서 생겼나이까 주인이 이르되 원수가 이렇게 하였구나 종들이 말하되 그러면 우리가 가서 이것을 뽑기를 원하시나이까 주인이 이르되 가만 두라 가라지를 뽑다가 곡식까지 뽑을까 염려하노라 둘 다 추수 때까지 함께 자라게 두라 추수 때에 내가 추수꾼들에게 말하기를 가라지는 먼저 거두어 불사르게 단으로 묶고 곡식은 모아 내 곳간에 넣으라 하리라."

> 마13:37-43 "대답하여 이르시되 좋은 씨를 뿌리는 이는 인자요 밭은 세상이요 좋은 씨는 천국의 아들들이요 가라지는 악한 자의 아들들이요 가라지를 뿌린 원수는 마귀요 추수 때는 세상 끝이요 추수꾼은 천사들이니 그런즉 가라지를 거두어 불에 사르는 것 같이 세상 끝에도 그러하리라 인자가 그 천사들을 보내리니 그들이 그 나라에서 모든 넘어지게 하는 것과 또 불법을 행하는 자들을 거두어 내어 풀무 불에 던져 넣으리니 거기서 울며 이를 갈게 되리라 그 때에

의인들은 자기 아버지 나라에서 해와 같이 빛나리라 귀 있는 자는 들으라."

② 씨 뿌리는 비유는 하나님이 우리를 양육하심을 말씀합니다.

씨를 뿌리는 자가 씨를 뿌리러 나가서 뿌렸습니다. 그런데 더러는 길가에 떨어지매 새들이 먹어버렸는데 이는 천국 말씀을 듣고 깨닫지 못할 때는 악한 자가 와서 마음에 뿌려진 것을 빼앗는 것을 말씀합니다. 또 더러는 흙이 얕은 돌밭에 떨어지매 흙이 깊지 아니하므로 곧 싹이 나오나 해가 돋은 후에 타서 뿌리가 없으므로 말랐는데 이는 말씀을 듣고 기쁨으로 받되 그 속에 뿌리가 없어 잠시 견디다가 말씀으로 말미암아 환난이나 박해가 일어날 때에는 곧 넘어지는 자를 말씀합니다. 또 더러는 가시떨기 위에 떨어지매 가시가 자라서 기운을 막았는데 이는 말씀을 들으나 세상의 염려와 재물의 유혹에 말씀이 막혀 결실하지 못하는 자를 말씀합니다. 또 더러는 좋은 땅에 떨어지매 어떤 것은 백 배, 어떤 것은 육십 배, 어떤 것은 삼십 배의 결실을 하였는데 이는 말씀을 듣고 깨닫는 자로 결실하여 어떤 것은 백 배, 어떤 것은 육십 배, 어떤 것은 삼십 배가 되는 것을 말씀합니다(마13:3-9, 18-23).

씨 뿌리는 비유에서 중요한 것은 하나님의 사람이 마음으로 하나님의 말씀을 듣고 깨달아 지키는 것입니다. 좋은 땅에 떨어진 씨만이 결실하는 것처럼 착하고 좋은 마음으로 하나님의 말씀을 듣고 지키어 인내하는 자만이 천국에 들어갈 사람으로 자라게 됩니다. 말씀을 듣고도 깨닫지 못하거나, 환난이나 박해가 일어나는 때에 넘어지거나, 세상의 염려와 재리의 유혹에 말씀이 막히면 천국에 들어갈 사람으로 자라지 못합니다.

> 마13:3-9 "예수께서 비유로 여러 가지를 그들에게 말씀하여 이르시되 씨를 뿌리는 자가 뿌리러 나가서 뿌릴새 더러는 길 가에 떨어지매 새들이 와서 먹어버렸고 더러는 흙이 얕은 돌밭에 떨어지매 흙이 깊지 아니하므로 곧 싹이 나오나 해가 돋은 후에 타서 뿌리가 없으므로 말랐고 더러는 가시떨기 위에 떨어지매 가시가 자라서 기운을 막았고 더러는 좋은 땅에 떨어지매 어떤 것은 백 배, 어떤 것은 육십 배, 어떤 것은 삼십 배의 결실을 하였느니라."

> 마13:18-23 "그런즉 씨 뿌리는 비유를 들으라 아무나 천국 말씀을 듣고 깨닫지 못할 때는 악한 자가 와서 그 마음에 뿌려진 것을 빼앗나니 이는 곧 길 가에 뿌려진 자요 돌밭에 뿌려졌다는 것은 말씀을 듣고 기쁨으로 받되 그 속에 뿌리가 없어 잠시 견디다가 말씀으로 말미암아 환난이나 박해가 일어나는 때에는 곧 넘어지는 자요 가시떨기에 뿌려졌다는 것은 말씀을 들으나 세상의 염려와 재물의 유혹에 말씀이 막혀 결실하지 못하는 자요 좋은 땅에 뿌려졌다는 것은 말씀을 듣고 깨닫는 자니 결실하여 어떤 것은 백 배, 어떤 것은 육십 배, 어떤 것은 삼십 배가 되느니라 하시더라."

2) 보화 비유(마13:44)와 진주 장사 비유(마13:45-46)는 천국을 구하는 비유입니다.

보화 비유와 진주 장사 비유는 우리가 천국을 어떻게 구해야 하는가를 교훈하는 비유입니다. 천국은 마치 밭에 감추인 보화와 같은데 사람이 이를 발견한 후 숨겨두고 기뻐하며 돌아가서 자기의 소유를 다 팔아 그 밭을 삽니다(마13:44). 또 천국은 마치 좋은 진주를 구하는 장사와 같은데 극히 값진 진주 하나를 발견하매 가서 자기의 소유를 다 팔아 그 진주를 삽니다(마13:45-46).

밭에 감추인 보화와 극히 값진 진주는 천국을 의미합니다. 우리는 천국에 들어가기 위해 이 세상 것을 포기할 수 있어야 합니다. 그리고 우리는 천국을 구해야 합니다. 천국은 침노를 당하며 침노하는 자가 빼앗기 때문입니다(마11:12). 우리는 땅에서는 외국인과 나그네임을 증언하고 하늘에 있는 본향(천국)을 찾는 자임을 나타내야 합니다(히11:13-14).

마13:44　　　"천국은 마치 밭에 감추인 보화와 같으니 사람이 이를 발견한 후 숨겨 두고 기뻐하며 돌아가서 자기의 소유를 다 팔아 그 밭을 사느니라."

마13:45-46　"또 천국은 마치 좋은 진주를 구하는 장사와 같으니 극히 값진 진주 하나를 발견하매 가서 자기의 소유를 다 팔아 그 진주를 사느니라."

마11:12　　　"세례 요한의 때부터 지금까지 천국은 침노를 당하나니 침노하는 자는 빼앗느니라."

히11:13-14　"이 사람들은 다 믿음을 따라 죽었으며 약속을 받지 못하였으되 그것들을 멀리서 보고 환영하며 또 땅에서는 외국인과 나그네임을 증언하였으니 그들이 이같이 말하는 것은 자기들이 본향 찾는 자임을 나타냄이라."

3) 겨자씨 비유(마13:31-32)와 누룩 비유(마13:33)는 천국의 백성으로 자라가는 비유입니다.

하나님의 아들들은 자랍니다. 씨가 땅에 떨어져 싹이 나고 이삭이 나며 이삭에 충실한 곡식이 되듯이 하나님의 아들들은 하나님의 사람으로 온전히 자랍니다. 하나님의 아들들은 자라되 겨자씨와 같이 자라고 누룩이 퍼지는 것같이 자랍니다.

천국은 마치 사람이 자기 밭에 갖다 심은 겨자씨 한 알 같은데 겨자씨는 모든 씨보다 작은 것이로되 자란 후에는 풀보다 커서 나무가 되매 공중의 새들이 와서 그 가지에 깃들입니다(마13:31-32). 또 천국은 마치 여자가 가루 서 말 속에 갖다 넣어 전부 부풀게 한 누룩과 같습니다(마13:33). 하나님의 아들들은 겨자씨와 같이 자랍니다. 하나님의 아들들은 작은 자이지만 많은 사람들에게 유익을 주는 자로 자랍니다. 또한 하나님의 아들들은 누룩과 같이 자랍니다. 하나님의 아들들은 작은 자이지만 많은 사람들에게 선한 영향력을 끼치며 변화시키는 자로 자랍니다. 그리고 오직 하나님이 자라게 하십니다(고전3:7).

마13:31-32 "또 비유를 들어 이르시되 천국은 마치 사람이 자기 밭에 갖다 심은 겨자씨 한 알 같으니 이는 모든 씨보다 작은 것이로되 자란 후에는 풀보다 커서 나무가 되매 공중의 새들이 와서 그 가지에 깃들이느니라."

마13:33 "또 비유로 말씀하시되 천국은 마치 여자가 가루 서 말 속에 갖다 넣어 전부 부풀게 한 누룩과 같으니라."

고전3:7   "그런즉 심는 이나 물 주는 이는 아무것도 아니로되 오직
          자라게 하시는 이는 하나님뿐이니라."

4) 그물 비유(마13:47-48)는 천국에 들어갈 자와 들어가지 못할 자를
   가르는 비유입니다.

   그물 비유는 예수님께서 세상 끝에 하나님의 자녀들과 마귀의 자
녀들을 가르시는 비유입니다. 천국은 마치 바다에 치고 각종 물고
기를 모는 그물과 같은데 고기가 그물에 가득하매 물 가로 끌어내
고 앉아서 좋은 것은 그릇에 담고 못된 것은 내버립니다(마13:47-
48). 이와 같이 세상 끝에도 천사들이 와서 의인 중에서 악인을 갈
라내어 풀무 불에 던져 넣으므로 거기서 울며 이를 갈 것입니다(마
13:49-50).

   마13:47-48 "또 천국은 마치 바다에 치고 각종 물고기를 모는 그물과
             같으니 그물에 가득하매 물 가로 끌어 내고 앉아서 좋은
             것은 그릇에 담고 못된 것은 내버리느니라."

   마13:49-50 "세상 끝에도 이러하리라 천사들이 와서 의인 중에서 악인
             을 갈라내어 풀무 불에 던져 넣으리니 거기서 울며 이를
             갈리라."

5) 임금과 악한 종의 비유(마18:23-35), 포도원 주인과 품꾼의 비
   유(마20:1-16), 혼인 잔치를 베푼 임금의 비유(마22:1-14), 달란트
   비유(마25:14-30), 열처녀 비유(마25:1-13)는 천국의 열매를 맺는
   비유입니다.

① 임금과 악한 종의 비유는 용서하라는 비유입니다. 천국은 그 종들과 결산하려 하던 어떤 임금과 같습니다. 임금은 만 달란트 빚진 종을 불쌍히 여겨 놓아 보내며 그 빚을 탕감해 주었습니다. 그런데 그 종은 자기에게 백 데나리온 빚진 동료 한 사람을 만나 빚을 갚도록 옥에 가두었습니다. 이에 임금이 노하여 그 종을 불러다가 그 빚을 다 갚도록 옥졸들에게 넘겼습니다(마18:23-34). 우리가 각각 마음으로부터 형제를 용서하지 아니하면 하나님 아버지께서도 우리를 용서하지 아니 하십니다(마18:35).

> **마18:35** "너희가 각각 마음으로부터 형제를 용서하지 아니하면 나의 하늘 아버지께서도 너희에게 이와 같이 하시리라."

② 포도원 주인과 품꾼의 비유는 감사하라는 비유입니다. 천국은 마치 품꾼을 얻어 포도원에 들여보내려고 이른 아침에 나간 집 주인과 같습니다. 포도원 주인이 이른 아침(오전 6시)에 나가 하루 한 데나리온씩 품꾼들과 약속하여 포도원에 들여보냈습니다. 또 그가 제삼시(오전 9시)에, 제육시(12시)에, 제구시(오후 3시)에, 제십일시(오후 5시)에 나가 품꾼들을 포도원에 들여보냈습니다. 그리고 저물매(오후 6시) 나중 온 자로부터 삯을 주는데 오후 5시에 온 자들이 한 데나리온씩을 받음으로 먼저 온 자들이 더 받을 줄 알았는데 그들도 한 데나리온씩 받았습니다. 이에 그들이 집 주인을 원망하여 "나중에 온 이 사람들은 한 시간밖에 일하지 아니하였거늘 그들을 종일 수고하며 더위를 견딘 우리와 같게 하였나이다" 하였습니다.

종일 수고하고 더위를 견딘 자들이 원망하였습니다. 그들이 원망한 것은 자기들이 아는 대로 주인이 하지 않아서 주인이 잘못한 것으로 알았고, 주인의 뜻을 알지 못했고, 주인이 그의 것을 가지고 그의 뜻대로 할 수 있음을 알지 못했고, 주인이 하는 선한 일을 악하게 보았기 때문입니다. 우리는 서로 원망하지 말아야 주님의 심판을 면할 수 있습니다(약5:9).

약5:9　　　"형제들아 서로 원망하지 말라 그리하여야 심판을 면하리라 보라 심판주가 문 밖에 서 계시니라."

③ 혼인 잔치를 베푼 임금의 비유는 순종하라는 비유입니다. 천국은 마치 자기 아들을 위하여 혼인 잔치를 베푼 어떤 임금과 같습니다. 임금이 그 종들을 보내어 그 청한 사람들을 혼인 잔치에 오라 하였더니 싫어하여 다시 다른 종들을 보내며 "내가 오찬을 준비하되 나의 소와 살진 짐승을 잡고 모든 것을 갖추었으니 오소서 하라" 하였습니다. 그런데 그들이 돌아보지도 않고 한 사람은 자기 밭으로, 한 사람은 자기 사업하러 가고 그 남은 자들은 종들을 잡아 모욕하고 죽였습니다. 이에 임금이 노하여 군대를 보내어 그 살인한 자들을 진멸하고 그 동네를 불살랐습니다. 그리고 임금이 그의 종들에게 네거리 길에 가서 사람을 만나는 대로 혼인 잔치에 청하여 오라 하였습니다.

이 비유는 하나님의 부르심에 순종해야 함을 말씀합니다. 유대인들은 하나님의 부르심에 순종하지 않았고 하나님이 보내신 선지자들을 핍박했으며 하나님이 보내신 하나님의 아들 예수 그리스도를 죽였습니다. 예수님에게 순종하지 아니하는 자는 영생을 보지 못하고 도리어 하나님의 진노가 그 위에 머물러 있습니다(요3:36).

요3:36　　"아들을 믿는 자에게는 영생이 있고 아들에게 순종하지 아니하는 자는 영생을 보지 못하고 도리어 하나님의 진노가 그 위에 머물러 있느니라."

④ 달란트 비유는 충성하라는 비유입니다. 천국은 어떤 사람이 타국에 갈 때 그 종들을 불러 자기 소유를 맡김과 같습니다. 주인은 그 종들에게 각각 그 재능대로 한 사람에게는 금 다섯 달란트를, 한 사람에게는 두 달란트를, 한 사람에게는 한 달란트를 주고 떠났습니다. 이에 다섯 달란트 받은 자와 두 달란트 받은 자는 바로 가서 그것으로 장사하여 다섯 달란트와 두 달란트를 남겼습니다. 그러나 한 달란트 받은 자는 가서 땅을 파고 그 주인의 돈을 감추어 두었습니다. 그리고 오랜 후에 주인이 돌아와 그 종들과 결산할 때에 다섯 달란트를 받아 다섯 달란트를 남긴 자와 두 달란트 받아 두 달란트를 남긴 자에게는 "잘하였도다 착하고 충성된 종아 네가 적은 일에 충성하였으매 내가 많은 것을 네게 맡기리니 네 주인의 즐거움에 참여할지어다"라고 칭찬하였습니다. 그러나 주인이 한 달란트를 받아 땅에 감추어둔 자에게는 "악하고 게으른 종아 나는 심지 않은 데서 거두고 헤치지 않은 데서 모으는 줄로 네가 알았느냐 그에게서 그 한 달란트를 빼앗아 열 달란트 가진 자에게 주라"고 책망하

였습니다.

이 비유는 하나님이 맡겨주신 일에 충성해야 함을 말씀합니다. 우리는 전능하신 하나님께서 일하시되 우리를 도구로 쓰셔서 일하심을 알아야 합니다. 하나님은 우리에게 은사를 주셔서 은사를 받은 대로 일하게 하십니다. 그리고 예수님은 죽도록 충성하는 자에게 생명의 면류관을 주실 것입니다(계2:10).

계2:10	"너는 장차 받을 고난을 두려워하지 말라 볼지어다 마귀가 장차 너희 가운데에서 몇 사람을 옥에 던져 시험을 받게 하리니 너희가 십일 동안 환난을 받으리라 네가 죽도록 충성하라 그리하면 내가 생명의 관을 네게 주리라."

⑤ 열 처녀 비유는 성령 충만함으로 깨어 있으라는 비유입니다. 천국은 마치 등을 들고 신랑을 맞으러 나간 열 처녀와 같다 할 수 있습니다. 그 중의 다섯은 미련하고 다섯은 슬기 있는 자입니다. 미련한 자들은 등을 가지되 기름을 가지지 아니하고 슬기 있는 자들은 그릇에 기름을 담아 등과 함께 가져갔습니다. 그런데 신랑이 더디 오므로 다 졸며 자는데 밤중에 소리가 나되 "보라 신랑이로다 맞으러 나오라" 하였습니다. 이에 그 처녀들이 다 일어나 등을 준비하는데 미련한 자들이 등불이 꺼져가도 슬기 있는 자들이 기름을 나눠주지 않으므로 기름을 사러 간 사이에 신랑이 오므로 준비하였던 자들은 함께 혼인 잔치에 들어가고 문은 닫혔습니다. 그 후에 미련한 처녀들이 와서 문을 열어 주라고 애원했으나 "내가 너희를 알

지 못하노라" 하였습니다.

예수님은 이 비유를 말씀하시고 "깨어 있으라 너희는 그 날과 그 때를 알지 못하느니라"고 명하셨습니다(마25:13). 슬기 있는 다섯 처녀와 미련한 다섯 처녀의 차이는 기름을 가진 것과 가지지 않는 것뿐입니다. 기름은 성령의 능력입니다. 하나님은 우리에게 기름을 부으십니다(고후1:21). 그러므로 기름 부음이 우리 안에 있어야 합니다(요일2:27). 그리고 우리가 성령의 능력으로 살면 성령의 열매를 맺게 됩니다. 성령의 열매는 사랑과 희락과 화평과 오래 참음과 자비와 양선과 충성과 온유와 절제입니다(갈5:22).

고후1:21   "우리를 너희와 함께 그리스도 안에서 굳건하게 하시고 우리에게 기름을 부으신 이는 하나님이시니라."

요일2:27   "너희는 주께 받은 바 기름 부음이 너희 안에 거하나니 아무도 너희를 가르칠 필요가 없고 오직 그의 기름 부음이 모든 것을 너희에게 가르치며 또 참되고 거짓이 없으니 너희를 가르치신 그대로 주 안에 거하라."

갈5:22   "오직 성령의 열매는 사랑과 희락과 화평과 오래 참음과 자비와 양선과 충성과 온유와 절제니 이 같은 것을 금지할 법이 없느니라."

천국의 비유는 구원받은 우리가 이 세상에 사는 동안 천국에 들어가도록 어떻게 살아야 하는가를 교훈합니다. 우리는 천국 비유를 통해 천국에 들어가도록 살아가는 교훈을 받아야 합니다. 천국 비유는 천국을 알려 주는 것이 아니라 천국에 들어가는 자가 되게 하는 것입니다. 우리가 하늘에 있는 천국의 비밀을 아는 것보다 천국에 들어가는 비밀을 아는 것이 더 중요합니다.

우리는 천국에 들어가는 비밀을 알고, 천국을 구하며, 천국에 들어갈 자와 들어가지 못할 자를 가르심을 알고 천국의 백성으로 자라가며, 천국의 열매(용서, 감사, 순종, 충성, 성령의 열매)를 맺어야 합니다.

6) 누가 천국에 들어갈까요?

하나님은 천국에 들어갈 자들을 확실하게 말씀하셨습니다.

① 예수 그리스도를 믿는 자가 천국에 들어갑니다.

하나님은 자기를 사랑하는 자들에게 하나님의 나라를 약속하셨습니다. 그래서 하나님은 세상에서 가난한 자를 택하여 믿음에 부요하게 하시고 천국에 들어가게 하십니다(약2:5). 예수님은 믿지 아니하는 대제사장들과 장로들보다 믿는 세리와 창녀들이 먼저 하나님의 나라에 들어가리라고 말씀하셨습니다(마21:31-32). 예수님은 외식하는 서기관들과 바리새인들에게 "뱀들아 독사의 새끼들아 너희가 어떻게 지옥의 판결을 피하겠느냐"고 책망하셨습니다(마23:33). 믿지 아니하는 자들은 불과 유황으로 타는 못에 참예합니다(계21:8)

> 약2:5 　 "내 사랑하는 형제들아 들을지어다 하나님이 세상에서 가난한 자를 택하사 믿음에 부요하게 하시고 또 자기를 사랑하는 자들에게 약속하신 나라를 상속으로 받게 아니하

셨느냐."

마21:31-32 "그 둘 중의 누가 아버지의 뜻대로 하였느냐 이르되 둘째 아들이니이다 예수께서 그들에게 이르시되 내가 진실로 너희에게 이르노니 세리들과 창녀들이 너희보다 먼저 하나님의 나라에 들어가리라 요한이 의의 도로 너희에게 왔거늘 너희는 그를 믿지 아니 하였으되 세리와 창녀는 믿었으며 너희는 이것을 보고도 끝내 뉘우쳐 믿지 아니하였도다."

마23:33 "뱀들아 독사의 새끼들아 너희가 어떻게 지옥의 판결을 피하겠느냐."

계21:8 "그러나 두려워하는 자들과 믿지 아니하는 자들과 흉악한 자들과 살인자들과 음행하는 자들과 점술가들과 우상 숭배자들과 거짓 말하는 모든 자들은 불과 유황으로 타는 못에 던져지리니 이것이 둘째 사망이라."

② 거듭나서 의롭게 된 자가 천국에 들어갑니다.

예수 그리스도를 믿는 자는 성령으로 거듭나서 의롭게 됩니다. 사람이 물과 성령으로 거듭나지 아니하면 하나님의 나라를 볼 수 없고(요3:3), 하나님의 나라에 들어갈 수 없습니다(요3:5). 성령으로 거듭난 자가 하나님의 나라를 볼 수 있고 하나님의 나라에 들어갑니다. 의인들은 자기 아버지 나라에서 해와 같이 빛날 것입니다(마13:43). 그리고 의를 위하여 박해를 받은 자는 천국이 저희 것입니다(마5:10). 그러나 불의한 자는 하나님의 나라를 유업으로 받지 못합니다(고전6:9-10). 그리고 육체의 일을 하는 자들은 하나님의 나라를 유업으로 받지 못합니다(갈5:19-21). 우리의 의가 서기관과 바리새인보다 더 낫지 아니하면 결단코 천국에 들어가지 못합니다(마5:20). 그리고 우리가 돌이켜 어린아이들(자기를 낮추고 악을 모르는 자)과 같이 되지 아니하면 결단코 천국에 들어가지 못합니다(마18:3). 불의한 자가 천국에 들어가려면 주 예수 그리스도의 이름과 하나님의 성령 안에서 씻음과 거룩함과 의롭다 하심을 받아야 합니다(고전6:11).

요3:3　　"예수께서 대답하여 이르시되 진실로 진실로 네게 이르노니 사람이 거듭나지 아니하면 하나님의 나라를 볼 수 없느니라."

요3:5　　"예수께서 대답하시되 진실로 진실로 네게 이르노니 사람이 물과 성령으로 나지 아니하면 하나님의 나라에 들어갈 수 없느니라."

마13:43　"그 때에 의인들은 자기 아버지 나라에서 해와 같이 빛나리라 귀 있는 자는 들으라."

마5:10　　"의를 위하여 박해를 받는 자는 복이 있나니 천국이 그들의 것임이요."

고전6:9-10 "불의한 자가 하나님의 나라를 유업으로 받지 못할 줄을 알지 못하느냐 미혹을 받지 말라 음행하는 자나 우상 숭배하는 자나 간음하는 자나 탐색하는 자나 남색하는 자나 도적이나 탐욕을 부리는 자나 술 취하는 자나 속여 빼앗는 자들은 하나님의 나라를 유업으로 받지 못하리라."

갈5:19-21 "육체의 일은 분명하니 곧 음행과 더러운 것과 호색과 우상 숭배와 주술과 원수 맺는 것과 분쟁과 시기와 분냄과 당 짓는 것과 분열함과 이단과 투기와 술 취함과 방탕함과 또 그와 같은 것들이라 전에 너희에게 경계한 것 같이 경계하노니 이런 일을 하는 자들은 하나님의 나라를 유업으로 받지 못할 것이요."

마5:20　"내가 너희에게 이르노니 너희 의가 서기관과 바리새인보다 더 낫지 못하면 결코 천국에 들어가지 못하리라."

마18:3　"이르시되 진실로 너희에게 이르노니 너희가 돌이켜 어린 아이들과 같이 되지 아니하면 결단코 천국에 들어가지 못하리라."

고전6:11　"너희 중에 이와 같은 자들(불의한 자들)이 있더니 주 예수 그리스도의 이름과 우리 하나님의 성령 안에서 씻음과 거룩함과 의롭다 하심을 받았느니라."

③ 하나님 아버지의 뜻대로 행하는 자가 천국에 들어갑니다.

예수 그리스도를 믿고 성령으로 거듭나서 의롭게 된 자는 하나님 아버지의 뜻대로 행합니다. 예수님을 주여 주여 하는 자마다 천국에 다 들어갈 것이 아니요 다만 하늘에 계신 하나님 아버지의 뜻대로 행하는 자라야 들어갑니다(마7:21). 예수님은 "누구든지 하늘에 계신 내 아버지의 뜻대로 하는 자가 내 형제요 자매요 어머니이니라"고 말씀하셨습니다(마12:50). 우리가 하나님의 뜻을 행한 후에 하나님의 약속을 받습니다(히10:36). 그리고 하나님의 뜻을 행하는 자는 영원히 거합니다(요일2:17). 하나님은 모든 선한 일에 우리를 온전하게 하사 하나님의 뜻을 행하게 하십니다(히13:20-21).

마7:21　"나더러 주여 주여 하는 자마다 다 천국에 들어갈 것이 아니요 다만 하늘에 계신 내 아버지의 뜻대로 행하는 자라야 들어가리라."

마12:50 "누구든지 하늘에 계신 내 아버지의 뜻대로 하는 자가 내 형제요 자매요 어머니이니라 하시더라."

히10:36 "너희에게 인내가 필요함은 너희가 하나님의 뜻을 행한 후에 약속하신 것을 받기 위함이라."

요일2:17 "이 세상도, 그 정욕도 지나가되 오직 하나님의 뜻을 행하는 자는 영원히 거하느니라."

히13:20-21 "양들의 큰 목자이신 우리 주 예수를 영원한 언약의 피로 죽은 자 가운데서 이끌어 내신 평강의 하나님이 모든 선한 일에 너희를 온전하게 하사 자기 뜻을 행하게 하시고 그 앞에 즐거운 것을 예수 그리스도로 말미암아 우리 가운데서 이루시기를 원하노라 영광이 그에게 세세무궁토록 있을지어다 아멘."

하나님의 뜻은 하나님의 아들이신 예수님을 보고 믿는 자마다 영생을 얻는 것입니다(요6:40). 그리고 선을 행함으로 고난 받는 것이 하나님의 뜻입니다(벧전3:17). 또 하나님의 뜻은 우리의 거룩함입니다(살전4:3). 그리고 우리가 화목하고, 권계하며, 격려하고, 붙들어주며, 오래 참고, 항상 선을 따르며, 항상 기뻐하고, 쉬지 않고 기도하며, 범사에 감사하는 것이 그리스도 안에서 우리를 향하신 하나님의 뜻입니다(살전5:12-18).

요6:40 "내 아버지의 뜻은 아들을 보고 믿는 자마다 영생을 얻는 이것이니 마지막 날에 내가 이를 다시 살리리라 하시니라."

벧전3:17	"선을 행함으로 고난 받는 것이 하나님의 뜻일진대 악을 행함으로 고난 받는 것보다 나으니라."
살전4:3	"하나님의 뜻은 이것이니 너희의 거룩함이라 곧 음란을 버리고"
살전5:12-18	"형제들아 우리가 너희에게 구하노니 너희 가운데서 수고하고 주 안에서 너희를 다스리며 권하는 자들을 너희가 알고 그들의 역사로 말미암아 사랑 안에서 가장 귀히 여기며 너희끼리 화목하라 또 형제들아 너희를 권면하노니 게으른 자들을 권계하며 마음이 약한 자들을 격려하고 힘이 없는 자들을 붙들어 주며 모든 사람에게 오래 참으라 삼가 누가 누구에게든지 악으로 악을 갚지 말게 하고 서로 대하든지 모든 사람을 대하든지 항상 선을 따르라 항상 기뻐하라 쉬지 말고 기도하라 범사에 감사하라 이것이 그리스도 안에서 너희를 향하신 하나님의 뜻이니라."

④ 천국의 열매 맺는 자가 천국에 들어갑니다.

예수님을 믿고 거듭나서 의롭게 되어 하나님 아버지의 뜻을 행하는 자는 천국의 열매를 맺습니다. 예수님은 대제사장들과 백성의 장로들에게 "하나님 나라를 너희는 빼앗기고 그 나라의 열매 맺는 백성이 받으리라"고 말씀하셨습니다(마21:43). 천국의 열매는 좋은 열매입니다. 좋은 열매 맺지 아니하는 나무마다 찍혀 불에 던져집니다(마3:10). 좋은 나무는 반드시 좋은 열매를 맺습니다(눅6:43). 좋은 열매는 선한 일을 말합니다. 선을 행하는 자는 하나님께 속하고 악을 행하는 자는 하나님을 뵈옵지 못하였습니다(요삼1:11). 선한 일을 행한 자는 생명의 부활을 하고 악한 일을 행한 자는 심판의 부활을 합니다(요5:28-29). 악을 행한 자는 하나님 나라에 들어가지 못합니다(눅13:27-28).

마21:43 "그러므로 내가 너희에게 이르노니 하나님의 나라를 너희는 빼앗기고 그 나라의 열매 맺는 백성이 받으리라."

마3:10 "이미 도끼가 나무 뿌리에 놓였으니 좋은 열매를 맺지 아니하는 나무마다 찍혀 불에 던져지리라."

눅6:43 "못된 열매 맺는 좋은 나무가 없고 또 좋은 열매 맺는 못된 나무가 없느니라."

요삼1:11 "사랑하는 자여 악한 것을 본받지 말고 선한 것을 본받으라 선을 행하는 자는 하나님께 속하고 악을 행하는 자는 하나님을 뵈옵지 못하였느니라."

요5:28-29 "이를 놀랍게 여기지 말라 무덤 속에 있는 자가 다 그의 음성을 들을 때가 오나니 선한 일을 행한 자는 생명의 부활로, 악한 일을 행한 자는 심판의 부활로 나오리라."

눅13:27-28 "그가 너희에게 말하여 이르되 나는 너희가 어디에서 왔는지 알지 못하노라 행악하는 모든 자들아 나를 떠나가라 하리라 너희가 아브라함과 이삭과 야곱과 모든 선지자는 하나님 나라에 있고 오직 너희는 밖에 쫓겨난 것을 볼 때에 거기서 슬피 울며 이를 갈리라."

하나님은 우리로 선한 일에 열매를 맺게 하십니다(골1:10). 예수님은 우리를 선한 일을 열심히 하는 자기 백성이 되게 하십니다(딛2:14). 우리는 항상 선을 따라야 합니다(살전5:15). 우리는 악은 어떤 모양이라도 버려야 합니다(살전5:22).

골1:10	"주께 합당하게 행하여 범사에 기쁘시게 하고 모든 선한 일에 열매를 맺게 하시며 하나님을 아는 것에 자라게 하시고"
딛2:14	"그가 우리를 대신하여 자신을 주심은 모든 불법에서 우리를 속량하시고 우리를 깨끗하게 하사 선한 일을 열심히 하는 자기 백성이 되게 하려 하심이라."
살전5:15	"삼가 누가 누구에게든지 악으로 악을 갚지 말게 하고 서로 대하든지 모든 사람을 대하든지 항상 선을 따르라."
살전5:22	"악은 어떤 모양이라도 버리라."

⑤ 생명책에 기록된 자가 천국에 들어갑니다.

예수님을 믿고 거듭나서 의롭게 되어 하나님의 뜻대로 행하므로 천국의 열매를 맺는 자들은 그 이름이 생명책에 기록된 자들입니다. 하나님의 보좌 앞에 사람들의 행위가 기록된 책들이 있고 생명책이 있습니다(계20:12). 오직 어린 양의 생명책에 기록된 자들만 천국에 들어갑니다(계21:27). 누구든지 생명책에 기록되지 못한 자는 불못(지옥)에 던져집니다(계20:15). 어린 양의 생명책에 창세 이후로 이름이 기록되지 못하고 이 땅에 사는 자들은 다 그 짐승(마귀)에게 경배합니다(계13:8, 17:8). 이기는 자는 예수님이 그 이름을 생명책에서 결코 지우지 아니하리라고 약속하셨습니다(계3:5). 사도 바울은 복음에 그와 함께 힘쓰던 여인들과 그의 동역자들의 이름들이 생명책에 있다고 말했습니다(빌4:3). 다윗은 그리스도의 고난 받으심을 예언하면서 대적자들을 생명책에서 지우사 의인들과 함께 기록되지 말게 하시기를 찬양했습니다(시69:28).

계20:12 "또 내가 보니 죽은 자들이 큰 자나 작은 자나 그 보좌 앞에서 있는데 책들이 펴 있고 또 다른 책이 펴졌으니 곧 생명책이라 죽은 자들이 자기 행위를 따라 책들에 기록된 대로 심판을 받으니"

계21:27 "무엇이든지 속된 것이나 가증한 일 또는 거짓말하는 자는 결코 그리로 들어가지 못하되 오직 어린 양의 생명책에 기록된 자들만 들어가리라."

계20:15 "누구든지 생명책에 기록되지 못한 자는 불못에 던져지더라."

계13:8 "죽임을 당한 어린 양의 생명책에 창세 이후로 이름이 기록되지 못하고 이 땅에 사는 자들은 다 그 짐승에게 경배하리라."

계17:8 "네가 본 짐승은 전에 있었다가 지금은 없으나 장차 무저갱으로부터 올라와 멸망으로 들어갈 자니 땅에 사는 자들로서 창세 이후로 그 이름이 생명책에 기록되지 못한 자들이 이전에 있었다가 지금은 없으나 장차 나올 짐승을 보고 놀랍게 여기리라."

계3:5 "이기는 자는 이와 같이 흰 옷을 입을 것이요 내가 그 이름을 생명책에서 결코 지우지 아니하고 그 이름을 내 아버지 앞과 그의 천사들 앞에서 시인하리라."

빌4:3 "또 참으로 나와 멍에를 같이한 네게 구하노니 복음에 나와 함께 힘쓰던 저 여인들을 돕고 또한 글레멘드와 그 외에 나의 동역자들을 도우라 그 이름들이 생명책에 있느니라."

시69:28　　　"그들을 생명책에서 지우사 의인들과 함께 기록되지 말게
　　　　　　하소서."

　하나님의 성품(믿음, 덕, 지식, 절제, 인내, 경건, 형제 우애, 사랑)
에 참여한 자는 천국에 넉넉히 들어갑니다(벧후1:11). 그리고 예수
님을 가장 사랑하며 예수님을 위하여 핍박을 받은 자는 반드시 천
국에 들어갑니다(막10:29-30).

벧후1:11　　　"이같이 하면 우리 주 곧 구주 예수 그리스도의 영원한 나
　　　　　　라에 들어감을 넉넉히 너희에게 주시리라."

막10:29-30　"예수께서 이르시되 내가 진실로 너희에게 이르노니 나와
　　　　　　복음을 위하여 집이나 형제나 자매나 어머니나 아버지나
　　　　　　자식이나 전토를 버린 자는 현세에 있어 집과 형제와 자
　　　　　　매와 어머니와 자식과 전토를 백 배나 받되 박해를 겸하
　　　　　　여 받고 내세에 영생을 받지 못할 자가 없느니라."

3. 지옥에 들어갈 자들

　지옥은 마귀와 그 사자들을 위하여 예비된 영원한 불입니다(마
25:41). 지옥은 저주 받은 자들이 들어갑니다.

마25:41　　　"또 왼편에 있는 자들에게 이르시되 저주를 받은 자들아
　　　　　　나를 떠나 마귀와 그 사자들을 위하여 예비된 영원한 불
　　　　　　에 들어가라."

1) 천국에 들어가지 못한 자들은 지옥에 들어갑니다.

천국에 들어가지 못하는 자들이 있습니다. 두려워하는 자, 믿지 아니하는 자, 흉악한 자, 살인 자, 음행하는 자, 더러운 자, 우상 숭배하는 자, 주술하는 자, 간음하는 자, 호색(탐색)하는 자, 남색(남자끼리의 성 행위)하는 자, 속된 자(세상 풍속을 따르는 자), 가증한 일을 행하는 자, 거짓말 하는 자(거짓말을 좋아하며 지어내는 자), 원수 맺는 자, 분쟁하는 자, 시기(투기)하는 자, 분내는 자, 당 짓는 자, 분열하는 자, 이단, 도적, 탐욕을 부리는 자, 술 취하는 자, 방탕한 자, 속여 빼앗는 자들은 천국에 들어가지 못하고 지옥에 들어갑니다(고전6:9-10, 갈5:19-21, 엡5:5, 계21:27, 계22:15, 계21:8).

고전6:9-10 "불의한 자가 하나님의 나라를 유업으로 받지 못할 줄을 알지 못하느냐 미혹을 받지 말라 음행하는 자나 우상 숭배하는 자나 간음하는 자나 호색하는 자나 남색하는 자나 도적이나 탐욕을 부리는 자나 술 취하는 자나 모욕하는 자나 속여 빼앗는 자들은 하나님의 나라를 유업으로 받지 못하리라."

갈5:19-21 "육체의 일은 분명하니 곧 음행과 더러운 것과 호색과 우상 숭배와 주술과 원수 맺는 것과 분쟁과 시기와 분냄과 당 짓는 것과 분열함과 이단과 투기와 술 취함과 방탕함과 또 그와 같은 것들이라 전에 너희에게 경계한 것 같이 경계하노니 이런 일을 하는 자들은 하나님의 나라를 유업으로 받지 못할 것이요."

엡5:5 "너희도 정녕 이것을 알거니와 음행하는 자나 더러운 자나 탐하는 자 곧 우상 숭배자는 다 그리스도와 하나님의 나라에서 기업을 얻지 못하리니"

계21:27   "무엇이든지 속된 것이나 가증한 일 또는 거짓말하는 자는
          결코 그리로 들어가지 못하되 오직 어린 양의 생명책에
          기록된 자들만 들어가리라."

계22:15   "개들과 점술가들과 음행하는 자들과 살인자들과 우상 숭
          배자들과 및 거짓말을 좋아하며 지어내는 자는 다 성 밖
          에 있으리라."

계21:8   "그러나 두려워하는 자들과 믿지 아니하는 자들과 흉악한
          자들과 살인자들과 음행하는 자들과 우상 숭배자들과 거
          짓말하는 모든 자들은 불과 유황으로 타는 못에 던져지리
          니 이것이 둘째 사망이라."

사람들이 마음에 하나님 두기를 싫어하므로 하나님께서 그들을
상실한 마음대로 내버려두사 합당하지 못한 일을 하게 하셨습니다.
하나님께 합당하지 못한 일은 불의, 추악, 탐욕, 악의, 시기, 살인, 분
쟁, 사기, 악독, 수군수군, 비방, 능욕, 교만, 자랑, 악을 도모, 부모 거
역, 우매, 배약, 무정, 무자비입니다. 하나님은 이 같은 일을 행하는
자는 사형에 해당한다고 정하셨습니다. 그런데 이 같은 일을 행하는
자들은 이 사실을 알고도 자기들만 행할뿐 아니라 또한 그런 일을
행하는 자들을 옳다 합니다(롬1:28-32). 우리는 이 같은 일을 행하
는 자는 사형에 해당함을 알고 이 같은 일을 행하지 말아야 합니다.

롬1:28-32 "또한 그들이 마음에 하나님 두기를 싫어하매 하나님께서
          그들을 상실한 마음대로 내버려두사 합당하지 못한 일을
          하게 하셨으니 곧 모든 불의, 추악, 탐욕, 악의가 가득한

자요 시기, 살인, 분쟁, 사기, 악독이 가득한 자요 수군수
군하는 자요 비방하는 자요 하나님께서 미워하시는 자요
능욕하는 자요 교만한 자요 자랑하는 자요 악을 도모하는
자요 부모를 거역하는 자요 우매한 자요 배약하는 자요
무정한 자요 무자비한 자라 그들이 이 같은 일을 행하는
자는 사형에 해당한다고 하나님께서 정하심을 알고도 자
기들만 행할 뿐 아니라 또한 그런 일을 행하는 자들을 옳
다 하느니라."

말세에는 사람들이 자기를 사랑하며 돈을 사랑하며 자랑하며 교
만하며 비방하며 부모를 거역하며 감사하지 아니하며 무정하며 원
통함을 풀지 아니하며 모함하며 절제하지 못하며 사나우며 선한 것
을 좋아하지 아니하며 배신하며 조급하며 자만하며 쾌락을 사랑하
기를 하나님 사랑하는 것보다 더하며 경건의 모양은 있으나 경건의
능력은 부인합니다. 우리는 이같은 자들에게서 돌아서야 합니다(딤
후3:1-5).

딤후3:1-5   "너는 이것을 알라 말세에 고통하는 때가 이르러 사람들
이 자기를 사랑하며 돈을 사랑하며 자랑하며 교만하며 비
방하며 부모를 거역하며 감사하지 아니하며 무정하며 원
통함을 풀지 아니하며 모함하며 절제하지 못하며 사나우
며 선한 것을 좋아하지 아니하며 배신하며 조급하며 자
만하며 쾌락을 사랑하기를 하나님 사랑하는 것보다 더하
며 경건의 모양은 있으나 경건의 능력은 부인하니 이 같
은 자들에게서 네가 돌아서라."

2) 예수 그리스도를 믿지 아니하는 자가 지옥에 들어갑니다.

예수 그리스도를 믿지 아니하는 것이 죄입니다. 성령님이 오시면 죄에 대하여 세상을 책망하시는데 죄에 대하여라 함은 사람들이 예수님을 믿지 아니함입니다(요16:8-9). 죄의 삯은 사망입니다(롬6:23). 예수님을 믿지 아니하는 자는 하나님의 독생자의 이름을 믿지 아니하므로 벌써 심판을 받은 것입니다(요3:18). 애굽에서 나온 이스라엘 백성은 믿지 아니하므로 안식에 능히 들어가지 못했습니다(히3:19). 하나님은 믿지 아니하는 이스라엘 백성을 멸하셨습니다(유1:5). 예수 그리스도를 믿지 아니하는 자들은 불과 유황으로 타는 못에 던져지며 이것이 둘째 사망입니다(계21:8).

요16:8-9   "그가 와서 죄에 대하여, 의에 대하여, 심판에 대하여 세상을 책망하시리라 죄에 대하여라 함은 그들이 나를 믿지 아니함이요."

롬6:23   "죄의 삯은 사망이요 하나님의 은사는 그리스도 예수 우리 주 안에 있는 영생이니라."

요3:18   "그를 믿는 자는 심판을 받지 아니하는 것이요 믿지 아니하는 자는 하나님의 독생자의 이름을 믿지 아니하므로 벌써 심판을 받은 것이니라."

히3:19   "이로 보건대 그들이 믿지 아니하므로 능히 들어가지 못한 것이라."

유1:5   "너희가 본래 모든 사실을 알고 있으나 내가 너희로 다시 생각나게 하고자 하노라 주께서 백성을 애굽에서 구원하여 내시고 후에 믿지 아니하는 자들을 멸하셨으며"

계21:8 "그러나 두려워하는 자들과 믿지 아니하는 자들과 흉악한 자들과 살인자들과 음행하는 자들과 점술가들과 우상 숭배자들과 거짓말하는 모든 자들은 불과 유황으로 타는 못에 던져지리니 이것이 둘째 사망이라."

3) 불의한 자가 지옥에 들어갑니다.

예수 그리스도를 믿지 아니하는 자는 하나님께 의롭다 함을 받지 못하므로 진리를 믿지 않고 불의를 좋아합니다. 하나님이 미혹의 역사를 보내사 거짓 것을 믿게 하심은 진리를 믿지 않고 불의를 좋아하는 모든 자들로 하여금 심판을 받게 하려 하심입니다(살후 2:11-12). 하나님께서 각 사람에게 그 행한 대로 보응하시되 참고 선을 행하여 영광과 존귀와 썩지 아니함을 구하는 자에게는 영생으로 하시고 오직 당을 지어 진리를 따르지 아니하고 불의를 따르는 자에게는 진노와 분노로 하십니다(롬2:6-8). 주님께서 불의한 자는 형벌 아래에 두어 심판 날까지 지키십니다(벧후2:9). 불의한 자가 하나님의 나라를 유업으로 받지 못합니다(고전6:9).

살후2:11-12 "이러므로 하나님이 미혹의 역사를 그들에게 보내사 거짓 것을 믿게 하심은 진리를 믿지 않고 불의를 좋아하는 모든 자들로 하여금 심판을 받게 하려 하심이라."

롬2:6-8 "하나님께서 각 사람에게 그 행한 대로 보응하시되 참고 선을 행하여 영광과 존귀와 썩지 아니함을 구하는 자에게는 영생으로 하시고 오직 당을 지어 진리를 따르지 아니하고 불의를 따르는 자에게는 진노와 분노로 하시리라."

벧후2:9	"주께서 경건한 자는 시험에서 건지실 줄 아시고 불의한 자는 형벌 아래에 두어 심판 날까지 지키시며"
고전6:9	"불의한 자가 하나님의 나라를 유업으로 받지 못할 줄을 알지 못하느냐 미혹을 받지 말라 음행하는 자나 우상 숭배하는 자나 간음하는 자나 탐색하는 자나 남색하는 자나"

4) 불법을 행하는 자가 지옥에 들어갑니다.

예수 그리스도를 믿지 아니하는 자는 하나님께 의롭다 함을 받지 못하므로 진리를 믿지 않고 불의를 좋아하며 불법을 행합니다. 그리고 죄를 짓는 자마다 불법을 행합니다. 죄는 불법입니다(요일 3:4). 그리고 예수님은 불법을 행하는 자들에게 떠나가라고 하십니다(마7:23). 예수님이 재림하실 때 그 천사들을 보내서서 불법을 행하는 자들을 거두어 내어 풀무 불에 던지시므로 거기서 울며 이를 갈게 될 것입니다(마13:41-42).

요일3:4	"죄를 짓는 자마다 불법을 행하나니 죄는 불법이라."
마7:23	"그 때에 내가 그들에게 밝히 말하되 내가 너희를 도무지 알지 못하니 불법을 행하는 자들아 내게서 떠나가라 하리라."
마13:41-42	"인자가 그 천사들을 보내리니 그들이 그 나라에서 넘어지게 하는 것과 또 불법을 행하는 자들을 거두어 내어 풀무 불에 던져 넣으리니 거기서 울며 이를 갈게 되리라."

5) 생명책에 기록되지 못한 자가 지옥에 들어갑니다.

누구든지 생명책에 기록되지 못한 자는 불못에 던져집니다(계 20:15). 땅에 사는 자들로서 생명책에 기록되지 못한 자들이 불법한 사람인 멸망의 아들 짐승을 보고 놀랍게 여기며(계17:8) 짐승과 그의 우상에게 경배하고 그의 이름의 표를 받습니다. 그래서 그들은 거룩한 천사들 앞과 어린 양 앞에서 불과 유황으로 고난을 받을 것입니다(계14:9-11).

계20:15   "누구든지 생명책에 기록되지 못한 자는 불못에 던져지더라."

계17:8   "네가 본 짐승은 전에 있었다가 지금은 없으나 장차 무저갱으로부터 올라와 멸망으로 들어갈 자니 땅에 사는 자들로서 창세 이후로 생명책에 기록되지 못한 자들이 이전에 있었다가 지금은 없으나 장차 나올 짐승을 보고 놀랍게 여기리라."

계14:9-11   "또 다른 천사 곧 셋째가 그 뒤를 따라 큰 음성으로 이르되 만일 누구든지 짐승과 그 우상에게 경배하고 이마에나 손에 표를 받으면 그도 하나님의 진노의 포도주를 마시리니 그 진노의 잔에 섞인 것이 없이 부은 포도주라 거룩한 천사들 앞과 어린 양 앞에서 불과 유황으로 고난을 받으리니 그 고난의 연기가 세세토록 올라가리로다 짐승과 그의 우상에게 경배하고 그의 이름 표를 받는 자는 누구든지 밤낮 쉼을 얻지 못하리라 하더라."

짐승과 거짓 선지자가 예수님이 재림하실 때 전쟁을 일으키다가 붙잡혀 산 채로 지옥(유황불 붙는 못)에 던져집니다(계19:20). 그리고 땅의 사방 백성을 미혹한 마귀가 천년왕국 후에 지옥(불과 유황 못)에 던져집니다(계20:10). 또한 불신자들이 사망의 부활을 한 후에 하나님의 최후의 심판을 받을 때 사망과 음부도 지옥(불못)에 던져집니다(계20:14). 그리고 누구든지 생명책에 기록되지 못한 자는 지옥(불못)에 던져집니다(계20:15). 누구든지 짐승과 그 우상에게 경배하고 이마에나 손에 표를 받으면 그도 지옥에 던져져 고난을 받고 밤낮 쉼을 얻지 못합니다(계14:9-11).

계19:20 "짐승이 잡히고 그 앞에서 표적을 행하던 거짓 선지자도 함께 잡혔으니 이는 짐승의 표를 받고 그의 우상에게 경배하던 자들을 표적으로 미혹하던 자라 이 둘이 산채로 유황불 붙는 못에 던져지고"

계20:10 "또 그들을 미혹하는 마귀가 불과 유황 못에 던져지니 거기는 그 짐승과 거짓 선지자도 있어 세세토록 밤낮 괴로움을 받으리라."

계20:14 "사망과 음부도 불못에 던져지니 이것은 둘째 사망 곧 불못이라."

계20:15 "누구든지 생명책에 기록되지 못한 자는 불못에 던져지더라."

계14:9-11 "또 다른 천사 곧 셋째가 그 뒤를 따라 큰 음성으로 이르되 만일 누구든지 짐승과 그 우상에게 경배하고 이마에나 손에 표를 받으면 그도 하나님의 진노의 포도주를 마시리니 그 진노의 잔에 섞인 것이 없이 부은 포도주라 거룩한 천사들 앞과 어린 양 앞에서 불과 유황으로 고난을 받으리니 그 고난의 연기가 세세토록 올라가리로다 짐승과 그

의 우상에게 경배하고 그의 이름 표를 받는 자는 누구든
지 밤낮 쉼을 얻지 못하리라 하더라."

우리는 하나님의 비밀을 맡은 그리스도의 일꾼입니다. 우리는 성
령님이 주신 은사를 받고 예수님이 주신 직분을 받아 하나님이 모
든 것을 모든 사람 가운데서 이루시는 사역을 하는 그리스도의 일
꾼입니다. 우리는 하나님의 비밀인 그리스도의 비밀, 불법의 비밀,
천국의 비밀을 바르게 알고, 바르게 믿고, 바르게 사역하는 그리스
도의 일꾼, 복음의 일꾼, 교회의 일꾼이 되어야 합니다.

할렐루야! 아멘.